一辈子在说话，三年学闭嘴

古兆伟◎著

文匯出版社

图书在版编目 (CIP) 数据

一辈子在说话，三年学闭嘴 / 古兆伟著. — 上海 : 文汇出版社, 2022.1

ISBN 978-7-5496-3438-5

Ⅰ. ①一… Ⅱ. ①古… Ⅲ. ①口才学－通俗读物 Ⅳ. ① H019-49

中国版本图书馆 CIP 数据核字 (2021) 第 225875 号

一辈子在说话，三年学闭嘴

著　　者 / 古兆伟
责任编辑 / 戴　铮
装帧设计 / 天之赋设计室

出版发行 / 文匯出版社
上海市威海路 755 号
（邮政编码：200041）
经　　销 / 全国新华书店
印　　制 / 三河市天润建兴印务有限公司
版　　次 / 2022 年 1 月第 1 版
印　　次 / 2023 年 7 月第 2 次印刷
开　　本 / 710×1000　1/16
字　　数 / 150 千字
印　　张 / 14

书　　号 / ISBN 978-7-5496-3438-5
定　　价 / 45.00 元

前　言

年轻人最核心的能力是什么？是人际交往能力，也就是能把控场面，懂得好好说话。

注意说话的措辞，真的可以改变人生。为什么这么说呢？让我们来看一组对话：

“小明，你去把垃圾倒了。”

“我现在很累，爸爸你不能自己倒吗？”

如果换一种说法：“小明，擦玻璃和倒垃圾，你选哪个呢？”

通常，人们更乐于选择轻松的任务——“倒垃圾”。

如果你觉得社交困难，绝大多数是不会沟通造成的。咪蒙说过：情侣之间吵架，90%是因为男人不会说话。虽然这个观点有些片面，但揭示了沟通在社交中的核心地位。因此，很多人将“情商”视作会说话的标准，培养情商也成为人们增强沟通能力的计划之一。

高情商不是单纯的嘴甜、讨人喜欢。如果只是一味地隐忍自我，高情商对你来说根本毫无意义。事实上，真正的高情商是利用沟通技巧，在既不伤害对方又不委屈自己的情况下，表达自己的想法和情绪，实现有效沟通。

很多人存在苦恼，即在与人沟通时，应该如何说、说什么，甚至因为不会说话、说错话，为自己埋下祸根。

可见，无论什么时候，学会说话是一门艺术，学会怎样闭嘴更是一种本领。学习各种场面话，提高自我表达能力，别让成功卡在说话上！

目 录

Contents

/第一章/ 出场：

靠语言的力量赢得好感，搞定你的初次见面

1. 三分钟内拉近你和陌生人的距离 / 002

2. 相识不如相遇的表白方式 / 005

3. 你想知道的信息都藏在话术里 / 008

4. 沉锚效应：先发制人的沟通术 / 011

5. 一年没见的亲戚，我该跟他聊些什么 / 014

6. 这种场合，千万别说“对不起” / 018

7. 会讲笑话不等于有幽默感 / 021

8. 初次见面，如何获得对方的信任 / 024

/第二章/ 磁场：

撑住场面，精准表达，走到哪里你都是交际高手

1. 如何让面试官在一分钟内记住你 / 029

2. 赞美的艺术：具体赞美，流露真情 / 033

3. 教你“绵里藏针”地回应质疑　/ 035

4. 踢皮球话术：对方不想答应也会答应　/ 039

5. 让对方觉得可以随时反悔　/ 042

6. 时间很宝贵，啰唆是原罪　/ 045

7. 倾听方式决定沟通内容　/ 048

8. 理性容忍：与人发生冲突怎么处理　/ 051

/ 第三章 /　入场：

见什么人便说什么话，到什么场合就唱什么歌

1. 告别“尬聊”，不做话题终结者　/ 055

2. “命令式说话”只会让你讨人嫌　/ 059

3. 如何委婉地向对方表达不满　/ 062

4. 明确目标，让沟通事半功倍　/ 065

5. 要懂得营造道歉的大氛围　/ 068

6. 掌握分寸感也是一种能力　/ 071

7. 老板想听的是效益数据，不是废话　/ 073

8. 唠家常是沟通客户的好方法　/ 076

/第四章/　暖场：

句句说到对方心里去，悄然拉近彼此的情感距离

1. 故事思维：让你的观点深入人心　/ 081

2. 人气王就是说别人爱听的话　/ 084

3. “鸡同鸭讲”是因为你预设了心理防备　/ 088

4. 如何与“杠精”愉快地交流　/ 090

5. 很实用的愿景沟通技巧　/ 093

6. 你的想法不等于别人的看法　/ 096

7. “尴尬”变幽默，一笑解千愁　/ 100

8. 怎么说才能赢得赏识　/ 103

/第五章/　圆场：

高明捧场，巧妙接话，会场好感瞬间暴发

1. 制造点儿压力，让对方和你站在同一阵营　/ 108

2. 站在对方的立场思考，他才会接受你的建议　/ 110

3. 朋友想干蠢事，我该怎么劝　/ 113

4. 幽默的背后是尊重，不是滑稽　/ 116

5. 这样说，能让你的亲子关系价值千万　/ 120

6. 多样化的类比幽默　/ 124

7. 一句话，让你愿意与大家分享　/ 128

8. 让对方采取决定的关键性谈话　/ 131

/ 第六章 /　逗场：

讲话有趣，话有引力，有你在场一团和气

1. 同理心：每个人都要懂得的高级话术　/ 136

2. 职场利器：把你的弱点当作铠甲　/ 139

3. 领导有拖延症，你要这么催　/ 142

4. 老板提出的要求不合理，我该怎么拒绝　/ 145

5. 说服力：别用“我觉得”，要用“你觉得”　/ 149

6. “你行你上”，我不行，但有话要说　/ 152

7. 警惕：别把嘴欠当幽默　/ 155

8. 情商高，就是让找碴儿变成佩服　/ 158

/ 第七章 /　救场：

不易明说，用技巧说，任何场合你都不会翻车

1. 自我救场：说了蠢话，就要言责自负　/ 162

2. 恰当拒绝：最好的拒绝是先接受　/ 165

3. 沉默的价值：有时候，不说话比说话管用 / 168
4. 借不借钱，别再用“我手头也不宽裕”去拒绝 /171
5. 控制情绪：别说偏激的话 / 174
6. 说好场面话要懂人情世故 / 178
7. 正确“接梗”的打开方式 / 181
8. 给对方考虑的时间，才能稳住场面 / 184

/ 第八章 / 控场：
掌控会场，深度说服，将影响力发挥到深入刻骨

1. 掌控情绪，从来不靠“忍” / 188
2. 情商高，就是说话让人舒服 / 192
3. 零障碍沟通：不直接反驳对方的观点 / 195
4. 用场面话，找到对方的真实需求 / 198
5. 学会自嘲：创造意想不到的沟通效果 / 201
6. 你的话不是没道理，而是说得太多了 / 204
7. 决定命运的不全是努力，还有沟通能力 / 208
8. 别做讨好型人格的讨厌鬼 / 212

/第一章/　出场：靠语言的力量赢得好感，搞定你的初次见面

1. 三分钟内拉近你和陌生人的距离
2. 相识不如相遇的表白方式
3. 你想知道的信息都藏在话术里
4. 沉锚效应：先发制人的沟通术
5. 一年没见的亲戚，我该跟他聊些什么
6. 这种场合，千万别说“对不起”
7. 会讲笑话不等于有幽默感
8. 初次见面，如何获得对方的信任

1. 三分钟内拉近你和陌生人的距离

当你与他人初次接触时觉得彼此的观点相似，就会产生心理共鸣，从而快速认同对方；在面试时，如果你能在最短时间内“破冰”，就能获得面试官的青睐。

知乎上有这样一个有意思的问题：“大家都是成功企业家，为什么马云的粉丝比其他企业家的更多？”一个回答很具有代表性：“因为马云是个极富人格魅力的演说家。”

现在，说话已不再仅仅是人们的表达方式，更是一种生活刚需。无论多么不喜欢说话的人，都有需要“开口说话”的时候。问题是，等到你需要开口说话，再思考该说什么时已经晚了。与其临时抱佛脚，不如提前准备好说话技巧。

前阵子，我陪阿南参加面试。不到 10 分钟，阿南就灰头土脸地从办公室走了出来。不用多想，我就知道面试结果肯定和他的脸色一样难看。

走出办公区，我问阿南面试中哪个环节出了问题。阿南叹了口气，说："要是我的能力无法胜任这份工作，我也无话可说。可是，竞争对手跟我的学历、工作经验差不多，就算比颜值，我还略胜一筹，就是因为他会跟面试官套近乎，我就被 pass 掉了。"

接着，阿南向我讲述了整个面试过程。

当天，面试官临时有事，为了节省时间，让阿南和另一个应聘者一块儿面试。

面试官先问了阿南几个常规问题，如为什么离职、参与过什么项目，阿南都如实回答了。接着，面试官又看向另一个应聘者。不等面试官提问，他就先做了一段自我介绍，包括工作经历、兴趣爱好。

巧的是，面试官跟应聘者的兴趣一样，他们都喜欢摄影。应聘者乘势秀了一把专长——拿出手机里存的摄影作品，俩人就摄影展开话题。然后，面试官告诉阿南的面试结束了，三天后再通知他面试结果。

"面试官嘴上说三天后再告诉我结果，这不是变相地告诉我，我的面试失败了吗？"

听完阿南的话，我告诉他："你的这次失败不是偶然性的，你的竞争对手也没有跟面试官套近乎，只是运用了一些说话技巧。"

很多人跟阿南有着相似的面试经历，准备好简历、作品，甚至从头到脚捯饬一番，信心满满地面试，结果在跟面试官沟通时，不是等着被提问，就是说完基本情况后陷入无话可说的尴尬境地。这种无效沟通，怎么能让你在众多竞争对手中脱颖而出呢？

在短时间抓住共同话题，是拉近和陌生人距离最有效的方式。那么，如何找到共同话题呢？

以面试为例。通常，我们与面试官是初次见面，这种情况下并不了解对方的喜好，这时可以根据对方的言谈举止判断其可能感兴趣的话题，如面试官的乡音、着装，乃至办公桌的布置。我们可以从这些窥见其性格特征，找出他感兴趣的话题。

这也是为什么有些初次见面的人都会先问对方的籍贯。听说对方是青岛人，就会大谈海鲜、啤酒节；听说对方是四川人，就会聊火锅、美食。

如果你不善于观察细节，可以先广泛地布置话题，透露自己的兴趣爱好、想法观点等，然后再对面试官感兴趣的话题进行深入探讨。一旦让对方感觉到“我也是这么想的”，你们就会进入一个轻松的谈话氛围。

2. 相识不如相遇的表白方式

向对方要联系方式，是说服对方做出你想要的决定的另一种表现形式。简单地说，你需要在最短的时间内说服对方答应你“留下联系方式”的要求。

不少人遇到过这种情况：在某个地方遇见一个特别中意的女生/男生，就走上前向对方说：“嘿，美女/帅哥，我想和你交个朋友，留个联系方式，可以吗？”

对方会怎么做？一是想也不想地果断拒绝；二是编个理由，委婉地拒绝；三是根据她/他对你的印象加以判断，值不值得留下联系方式。

很明显，这种毫无技术含量的要电话的方式，多半会被拒绝。但你又很想认识这个人，这时该怎么做呢？

不少电视剧里有这种桥段。比如，假装自己的手机丢了，跟对方借电话再拨打到自己的手机上，或者假装市场调研人员，让对方填写问卷，顺便留下联系方式。

拜托，这种搭讪技巧只在影视剧里行得通，拿到现实生活中不可能适用！

可能你会说，怎么不适用呢？第一种方法很容易操作。这倒是，不过，我们跟对方要联系方式的目的，难道仅仅只是一个电话号码吗？我们肯定希望跟对方能有进一步的接触。

问题又来了，假设你成功要到对方的电话号码，后面又该如何发展呢？

其实，向中意的女生/男生要联系方式，是说服对方做出你想要的决定的另一种表现形式。简单地说，你需要在最短的时间内说服对方答应你“留下联系方式”的要求。

从心理学上讲，人在做决定的时候，往往对稍纵即逝的机会或者一旦失去就再也得不到的东西特别敏感。比如，商场经常推出“限时折扣”，就是因为消费者觉得机会难得，今天不买，明天可能就会恢复原价或者买不到了，从而增强人们的消费冲动。

又如，我和同学小明是平淡之交，在同一座城市碰见时才一起吃个饭。突然有一天听说他要到其他城市去发展，不再回来，在这种离别之际，就会觉得我们的感情特别深厚，临走前一定要见个面、聚一聚。

同样的道理，当你很想要得到中意人的联系方式时，就可以利用人类的这一心理特征，对她说：“嗨，美女，我刚才一见到你，就被你吸引住了，很想和你有进一步的认识。但是很可惜，我现在有事不得不离开，如果你不介意，可否留下联系方式呢？”

“可否给个联系方式”和“我现在有事不得不离开，可否留下联系方式”，这两句话的差别在哪儿呢？

上文提过，对方能否留下联系方式，取决于他对你当下的评价。说白了，你在对方眼里要么是个不错的人，要么是个很差劲的人。

假如你直接询问对方“可以留下联系方式吗”，他/她会怎样做？是不是根据你的行为和表现，判断你是个怎么样的人。一旦对方的判断和心理预期不一样，就会拒绝你的要求。

如果你说“我现在有事不得不离开”，语言里已经表明机会失去不再来的意思。面对选择时，对方的心理就会发生变化：就算这个人不怎么样，我留下联系方式也不会有什么损失；但要是这个人真的不错，我现在拒绝了，以后可能就再也联系不到他/她了……在这种情况下，对方往往像面对限时折扣一样，先留个联系方式再说。

当然，这个说服技巧不仅适用于向女生（男生）要联系方式，适当改变，还适用于多种沟通情境。比如，销售员对顾客说：“我没有催促您做决定的意思，只不过这条项链只有一条了，我不能保证，过几天您再来时它还没有被卖出去。”

值得注意的是，使用这个沟通技巧时，不要让对方觉得你是在催促他做决策，以免对方产生逆反心理，而是充分利用急迫性带给一种压力，促使他做出你期待的决定。

3. 你想知道的信息都藏在话术里

当对方知道的比你多时，你说错了或者说得不准确，对方就会忍不住指出来，告诉你真相到底是怎么一回事。

日常社交中，我们不免需要向他人打听一些消息。比如，刚到一个新的工作环境，需要了解部门同事、领导的脾气秉性；想和一个女生发展成男女朋友，需要了解她的为人、性格、爱好……

有些信息，可能你随便问问就能得到答案，但一些重要（可能是你最想探知的）的信息，就不是你三言两语就能问出来的。

陈潇刚刚考上研究生，私底下约了学姐，想跟她聊天时打听点儿导师的消息。

“学姐，你和张导师相处的时间长，不知道他私底下是个什么样的人，能不能透露一点儿信息？”

“张导师人挺好的，私下和课堂上都一样，没什么可说的。”不用想也知道，面对一个不怎么熟的外人，只不过闲聊几句就来打听导师的风评——这种情况下，学姐怎么可能会说真实感受呢？

既然直接询问这条路走不通，该用什么方法挖掘那些对我们来说重要的信息呢？

“人之患，在好为人师。”古时，孟子指出人性的一个毛病，就是喜欢纠正别人。当对方知道的比你多时，你说错了或者说得不准确，对方就会忍不住指出来，告诉你真相到底是怎么一回事，由此体现出他的智慧。

与人沟通时，我们可以利用人类的这一心理，引导对方说出自己想听到的话。还以陈潇的故事为例，她换了一种说法：“学姐，前两天我上了张老师的课，他讲得太好了，我猜张老师私底下也跟课堂上一样幽默、风趣。学姐，你是他的得意门生，真是让我羡慕。”这时候，学姐一定忍不住告诉陈潇一些她不知道的事情。

有时候，与其投石问路，不如给对方一个你认为的肯定答复，引导对方纠正你的错误。既然对方想要证明你是错的、他是对的，就会不自觉地透露更多的细节和信息，这样你就达到了探听的目的。

那么，我们如何引导对方纠正错误呢？

对话中，你可以表现得十分自信，说一些诸如“我就知道”“肯定是我想的那样”之类的话，容易激发对方反驳你的情绪。

《福尔摩斯探案集》中有这样一个故事：福尔摩斯为了弄清楚一只鹅是从哪儿来的，就去找布莱肯利奇了解情况。他开门见山地说，那些鹅是从哪儿来的，卖给谁了？布莱肯利奇十分恼火，因为他不理解福尔摩斯为什么要揪着鹅的来源问个不停。

这时候，福尔摩斯灵机一动，换了一个方式说：“我敢打赌，你店里卖的鹅一定是在当地农村喂养大的。”接着，他拿出5英镑，用一副极为挑衅的态度继续说：“我知道自己一定是对的，之所以跟你打这个赌，就是想让你不要那么固执。”

听到这里，布莱肯利奇忍不住了，马上摊开记录收购鹅的流水账本，用实实在在的证据从福尔摩斯手上赢得了5英镑。离开布莱肯利奇的店铺后，福尔摩斯对华生说：“我敢说，即便我刚才直接给他100英镑，我得到的消息也不会像现在这么详细。”

可见，这种方法确实有效。如果你向某人打听一些消息，可以故意说一些肯定的答案，引导对方反驳、纠正。

值得注意的是，挖掘信息的过程中，你要适度地反驳对方的说法。例如，学姐对陈潇说：“张老师私下里就是个闷葫芦。”

陈潇要马上接口说：“啊，是吗？我看张老师挺健谈的呀。”

“你不知道……”

如此，陈潇就得到了问题的答案。不过，反驳对方的观点时，切不可用力过猛，否则会出现下面两种情况：要么对方和你展开激烈的争辩；要么对方顺着你的话头结束话题。无论哪一种，都不是我们想要的。

4. 沉锚效应：先发制人的沟通术

人们进行判断时，往往过分看重那些明显、难忘的依据，就像沉入海底的铁锚一样，把人们的思维固定在某处。

日常生活中，我们经常需要与他人展开合作。既然是合作，就不得不提财务往来。尤其是新的合作伙伴或者涉足全新的合作领域时，双方交易在价格上没有标准可参考，就需要不停地协商。

常用的谈判手段不是等对方先开价——你先说一个数，我再酌情加价或者减价。实际上，这种谈判技巧以前可能还适用，但现在根本谈不出个所以然来。

王然要装修新房，对包工头说："你们全包下来大概要多少钱？"

包工头说："这不好说，多少价位的都有，要根据您的预算来定。您的预算是多少呢？”

王然摇摇头说：“我也没想好要花多少钱，你先给我一个参考价格吧。”

包工头说：“不同的用料有很大的价格差异，我实在给不了，还是您先报一下预算吧。”

……

王然和包工头跟打太极似的，你推给我，我推给你，其实都在担心对方坑自己，所以都不想先开价。但这么下去，俩人再聊一小时也商量不出一个结果。所以，有些时候，等别人开价，不如自己率先出价抢占先机。

有人觉得先出价会吃亏。就拿装修这件事来说，可能王然的预算是 15 万元，包工头要是报价低了，就会失去赚更多钱的机会；报价超过对方的预算，可能这次合作就谈崩了。

事实恰恰相反，率先出价反而会占据更多的优势。

优势一：率先出价，让对方尝到心理甜头

大家都有过砍价的经历。你看中一双鞋，老板卖 800 元，你觉得太贵，跟老板一点点砍价，终于砍到 650 元。此时，你心里会觉得自己赚到了，因为只花 650 元就买到了价值 800 元的商品。

反之，你比较满意一双标价 400 元的鞋，打算付钱时，售货员却告诉你，价签是前几天的活动价格，现在的价格是 450 元。此时，哪怕只多付了 50 元，你的心里都会觉得不舒服。

买东西是这样，与人合作谈判也是如此。

优势二：率先出价，更有利于对方接受你的要求

心理学上有个沉锚效应，是说人们进行判断时，往往过分看重那些明显、难忘的依据，就像沉入海底的铁锚一样，把人们的思维固定在某处。

为什么商场会把很多同档次的品牌陈列在同一区域，就是考虑到人们的这一心理变化。

你走进一家时装店，看见一件衣服卖2000元，这时会下意识地接受附近店面这类衣服差不多都是这个价格的心理暗示。所以，当你接着逛其他店面，看到里面的衣服差不多都是两三千元时，并不会觉得奇怪，也不会难以接受。

优势三：率先出价，限制对方谈条件，获得其他利益

无论是日常购物还是生意谈判，都少不了砍价这个环节。

其实，砍价的结果无非是要对方让利。什么情况下，对方才会同意让利的要求呢？自然是另一方能许给让利方一些除金钱之外的利益。所以，当我们预判对方会砍价时，不妨抢先报出价格，限制对方谈条件进而获得其他利益。

还以王然装修的事举例。

王然说："师傅，这个价格超出了我的预算。你看这样行不行，你给我优惠一些，我身边有朋友也要装修新房，回头我介绍他给你认识。你觉得12万元怎么样？"

此时，包工头如果大方答应了王然的提议，不仅能促成这次合作，还能得到王然介绍新客户的承诺。

有时候，率先报价反而能取得先机。不过，实际应用中要注意，报出的价格不能与对方的心理预期相差太大，以免吓跑对方。我们要根据市场价格，在合理的范围内做出对自己最有利的报价方案。

5. 一年没见的亲戚，我该跟他聊些什么

不少人认为聊感情问题、闲话八卦是一种促进关系的方式，却没意识到对方可能并不喜欢被人询问隐私。

很多人有这样的苦恼：过节时不知道该跟亲戚聊些什么。

春节前，有网友给我留言说他最怕过年，因为一到过年就要“走亲戚”。平时大家都碰不着面，说是亲戚，实际上也不太熟，所以交往时特别拘谨，不知道该聊些什么，生怕自己说错话让人家

心里不舒服。

现在，越来越多的年轻人觉得，“亲戚是一门复杂的人际关系”。同事艾米吐槽说，跟不太熟的人交往都没有走亲戚那么累。

我想，很多人和艾米有一样的感受。这是因为，人们在社交环境中，往往会对陌生人、熟人设定一个心理距离——换句话说，就是大家不会跟这些人交心。但亲戚就不一样了。大家本能地觉得亲人之间就应该心贴心，不能太冷淡，所以跟亲人沟通时，对方对我们的期望会更高，要是我们哪句话说得不对，对方心里就会觉得不是滋味。

过年时，艾米就因不经意的一句话“得罪”了表妹。事情是这样的，大家好久不见，艾米就问了问表妹的感情问题：“囡囡呀，有没有男朋友呢？没有的话赶紧找一个，你也老大不小了，再单身下去真要成‘剩女’了。”

表妹当时就不高兴了，对艾米说：“我不着急找，要是像表姐你一样嫁错人，最后离婚，就不好了。”那天以后，两个人再也没说过话。后来，艾米想跟表妹解释，才发现表妹早就把她拉黑了。

可能你会说：“哎呀，不就是聊聊情感话题吗？表妹至于这么反感，还揭表姐的伤疤，太不懂事了……”这种想法带有很强的主观色彩。事实上，每个人对某一话题的敏感度是不同的，有的人时常在朋友圈秀恩爱，有的人却对情感经历只字不提。很明显，表妹对感情话题讳莫如深，所以才会刻薄反击。

不少人认为聊感情问题、闲话八卦是一种促进关系的方式，却没意识到对方可能不喜欢被人询问隐私。所以，我们聊天时，可能无意说出的一句话就会让对方产生被冒犯的感觉。

与亲戚聊天时，聊八卦的确是一个很好的切入点，但要拿捏好尺度，不能问对方不想说的隐私，否则双方就会产生龃龉。那么，我们该聊什么、怎么聊呢？

首先，找到对方的“沟通雷区”；其次，选择有效的沟通方法。

所谓沟通雷区，就是对方不想聊的话题。我们可以用投石问路法给话题排雷，判断对方对这个话题是否敏感。以艾米的故事为例，更好的说法是：“一年没见，囡囡越来越漂亮啦！不知道哪个男士能得到你的青睐，有时间大家一起聊聊。”

这么说，跟“有没有交男朋友”最大的区别，就在于给对方留出了选择空间。

“有没有交男／女朋友”的说法，无异于限制了对方选择的权利——不管你交没交友，我都要和你聊一聊感情话题。在这种沟通情境下，如果对方本身就不愿意聊情感话题，你不就撞在枪口上了吗？

“我不会问你情感话题，如果你愿意聊一聊，我也愿意倾听”的说法，就给对方留出了选择空间，让他觉得选择权在自己手上。如果他愿意，可以就这个话题展开交流；如果他不愿意，可以重新换个话题。

人是一种很有意思的生物，逆反情绪非常强烈。你越是逼问对方，他就越不愿意告诉你；反之，你表现出“我不是很好奇，你想不想说都可以”，对方反倒愿意主动分享。即便对方还是不想分享他的近况，你的表现已经传递出关心和友好，还是可以拉近你们的距离。

很多话题在能聊与不能聊之间，只要你向对方表明态度——“我没有打探隐私的想法”，就能把这些话题变成拉近你们关系的机会。

比如，同事最近心情不太好，你可用这种方式表示关心：“小红，你最近的心情不太好吧？虽然我不知道你发生了什么事情，但如果你想找人聊一聊，我很愿意倾听。”

当对方感到你这么做是出于友好和关心，而不是打听隐私，就会增加对你敞开心扉的可能性。

6. 这种场合，千万别说“对不起”

“对不起”不是万能句，在某些场合不能说这句话，以免对方城门失火，殃及池鱼。

昨天，菲菲被来幼儿园闹的家长气得直哭，因为上午她带班的一个小朋友摔了一跤，把额头磕破了。下午幼儿园放学时，菲菲满怀歉意地告诉家长这件事，自责没看好小朋友。

菲菲原以为自己态度恳切就能换来家长的谅解，没想到，那家长竟然不依不饶，怒气冲冲地质问她：“说对不起有用吗？要是孩子额头上落下伤疤，我跟你没完！”

菲菲跟我说这件事的时候，越说越委屈。她说班里那么多小朋友，她又没有分身术，怎么可能把每个孩子都看顾好？况且，是小朋友没走好路自己摔倒的，又不是她的错，家长凭什么对她不依不饶？

其实说到底，这件事真的是菲菲的错，她错在把“善意”和“愧疚”两种情绪混淆了。

日常生活中，我们或因职责所在，或受他人委托，需要向别人传达消息。消息分为两种：一种是好消息，如孩子被评为“三好学生”、某同事获得升职，亲人朋友听到好消息自然会兴高采烈地四处传播；另一种是坏消息，如某同事办错事被辞退、谁谁谁家里出车祸了，大家听到坏消息，心里是要多烦就有多烦。

传达消息的人都知道这个道理，告知坏消息时，或是出于同情心，或是想要表达感同身受的情绪、自己没有恶意，往往开口第一句就是“对不起，这件事……”。结果，对方不但不领情，不是没好气地丢下一句“敢情遇到坏事的人不是你，站着说话不腰疼”，就是埋怨你，把坏情绪发泄到你身上。

我们要明白，这是人性不可忽视的阴暗面：遇到坏事的时候，总想找个人背黑锅，谁离得近就可能成为“背锅王”。因此，当你需要向他人传达坏消息时，一定要注意表达方式，不能将善意与愧疚混为一谈。

拿菲菲这件事来说，她明明没做错什么，但由于她表达失当，让家长认为她的道歉充满愧疚，并理所当然地觉得：要是你没有失职，你在愧疚什么？既然是你失职造成的，你就应该负责！

下面场景，是电视剧里经常出现的桥段：

主治医生一脸悲戚地走出手术室，沉痛地对家属说：“对不起，我们已经尽力了。”家属哭得撕心裂肺，拉扯着医生的衣服连珠炮式地问：“你为什么不救救他？是你的无能害了他，你这个杀人凶手！”这就是典型的情绪连带。

所以，传达消息时，你要明白以下两点：

第一，你不一定了解这件事的前因后果，所以不建议你主动安慰对方的情绪或给对方提建议。一方面，避免对方给你泼一盆“站着说话不腰疼”的冷水；另一方面，如果对方觉得你的建议合情合理，事后继续向你求助，你帮还是不帮？帮，你就要劳神费力；不帮，这主意是你出的！再说，若主意出得好也好办，若对方采纳你的建议后遇到更多的麻烦，可就真的成了你的责任。

第二，这件事不是你造成的，你只是转达消息，不需要向对方道歉，更不需要有什么愧疚、自责的情绪。否则，你一道歉，反而会让对方抓住了把柄，把你当作坏情绪的宣泄口。你要明白，“对不起”不是万能句，越是这种场合越不能说这句话，避免对方城门失火，殃及池鱼。

所以，当你需要向他人传达坏消息时，要让对方明白，你只是消息的传达者，不是制造者，应该以一种中立的态度表述最真实的情况，既不显得太过亲厚，也不能显得太过冷漠，以免进一步刺激对方的情绪，这才是最好的沟通尺度。

7. 会讲笑话不等于有幽默感

幽默的人从来不会刻意地讲笑话，他们会根据情境变化，随时随地制造笑料。

你身边有没有这样的朋友，他们常常用自黑、自嘲、调侃等方式带动现场气氛，把大家逗得捧腹大笑，简直就是社交中的“人气”战斗机。当你向他们学习或者模仿时，往往画虎不成反类犬，不是开的玩笑不好笑就是用力过猛，让场面更加尴尬。

为什么会出现这种情况呢？因为很多人对幽默存在误解，认为幽默就是单纯地讲笑话，只要讲的笑话好笑，就能达到良好的沟通效果。

朋友小贤就是这么想的。为了能成为一个有趣的人，他特意从网上书店买了本《笑话大全》，把有意思的段子背下来，在朋友聚会的时候讲出来。

一开始，小贤觉得这个方法很管用，可一段时间后，他发现有的笑话对这群人讲有效果，对另一群人讲而效果就没有那么明显，甚至有的人感觉不到笑点。小贤还发现，这种鼓足了劲儿讲笑话的方式，不能带动聊天气氛，更不能改变大家的印象，大家依然觉得他是个无趣、乏味的人。

幽默的人从来不会刻意地讲笑话，他会根据情境变化，随时随地制造笑料。所以，如果你想成为有趣的人，首先应该培养幽默感，而不是单纯地背笑话、讲段子。

从心理学的角度来讲，人们的幽默感源于不一致原理。简单地说，就是诱导人们产生心理期待，然后再打破语言或逻辑上的常规，制造“期待突然落空”的心理落差。

现在来看看这个用幽默化解尴尬的例子。在《疯狂的外星人》发布会上，主持人介绍完主演阵容后，说：“这四个人（黄渤、沈腾、徐峥、宁浩）的组合真的很难见到，而且跟大家说一下，以后未必能再次见到。”

这话怎么听怎么别扭，于是沈腾接话：“干吗呀，大过年的，你是看过他们仨的体检报告了吗？”一句话提醒了主持人的口误，又引得现场嘉宾、观众笑声连连。

明明大家关注的是主持人的口误，沈腾却说主持人是不是看过他们的体检报告，巧妙地化解了主持人口误的尴尬，同时又抛出笑料。

当然，除了要制造心理落差感，还要注意你抛出的笑料不能伤害他人。有时候，你可能是出于好意想逗大家一笑，但是笑料内容不合适，反而会让人心生反感。

我有个富二代朋友，他认识了一个女孩，但害怕对方贪图他的钱财，就说自己只有一辆奥迪 A6 和一套 100 多平方米的房子，以及三四十万元的积蓄。末了，他跟我们自嘲说：“再穷，也就穷到这样了吧！”这时，我们感觉内心受到一万点的伤害，原来“穷”在他眼里是这样的。

公司开年会聚餐时，90 后的小蕊自嘲地说：“现在 00 后都 20 岁了，社会上都开始管我这个年纪的人叫小阿姨了。唉，老啦，青春就这么从指缝间溜走了。”

旁边的张姐今年 30 多岁，听见小蕊这话，不太友善地说：“现在的这些小姑娘仗着自己年轻，也不知道明嘲暗讽地说谁呢！你要是老了，我们这个年纪的人算什么，老奶奶吗？”

你看，抛笑料前选择适合的题材很重要。

最后，我想要告诉你，培养幽默感是有技巧可寻的。

假如你是一个无趣、乏味的人，不要有那么大的心理负担，更不要有这种“一定要让别人觉得我说的话很好笑”的想法。在过度的心理压力下，幽默感反而会让你变得不快乐。你要明白，带给别人快乐是锦上添花，让自己变得快乐才是最实在的。

8. 初次见面，如何获得对方的信任

对自家商品有认识和自信，就已经产生了良好的效果，交谈不过是制造些欢喜气氛罢了。

人与人的交际中，信任非常重要，尤其是见客户时，第一面取得信任至关重要。那么，怎么才能在初次见面时获得对方的信任呢？

No.1 趁早打消隔阂的秘诀

不管是谁，在与人初次见面时，总是会为不知该从何说起而踌躇。

寒暄后的数秒里，彼此间由于都不说话而存在一段空白。如何跟对方共同突破这个空白点，一开口就让人喜欢你是有诀窍的。

第一句话该从何处开始说起？最好的方法是在事前将对方调查清楚，把对方目前最关心、最感兴趣的事情很自然地提出来。

“我叫张铎，请多多指教。对了，听说这次你们公司好像要增加投资，您是不是有什么新的企划提案呢？”

对方因对公司有一股自负心，他会马上回复。换句话说，你就是准备一些对方容易回答的问题来交谈。

“我叫张铎，请多指教。听陈经理说，尊夫人很喜欢打麻将，是吗？”

“哈哈！哪里，只是偶尔玩玩而已。”

“我也很少打，只是节假日朋友聚在一起时才会玩……”

No.2 使交谈顺利进行的窍门

当然，过于细密的事前调查并不好，只要掌握住重点即可。

第一，尽可能地事先准备好三个问题作为填补交谈中出现的停顿空隙，使交谈顺利进行下去。此时，你必须装出一副不知详细情形的样子，聆听对方的说明。

说到推销，你很容易马上联想到要谈些有关商品的话题，正确的要领是：一开始得先听对方说，然后再谈商品，做到“不插嘴，先听听”。

第二，掌握与对方的共同话题，越普通越好。

“白先生，听说您的籍贯是广西的，我太太也是广西人……”

“噢！真巧，尊太太是广西哪个地方的？”

要注意，在后面的交谈中，你一定不能将白先生的老家与自己太太的家进行贫富对比。

第三，拿四周的景物当作话题。

“赵太太，刚才我进门时看到门边花坛里开着的小白花，它是什么花呢？”

“这家公司的建筑物看着挺新颖的，是什么时候建造的呢？”

无论如何，要先听对方说。

No.3 没有冷场的交谈

一旦没什么话可说，此时说些无伤大雅的客气话也行。

“总觉得好像在哪儿见过您，刚才看到您那一刹那就突然有了这种印象……我却一时想不起来。”

“是什么时候见过我的？”

“嗯……好像是在舞会里……”

“不可能，我从未去过舞厅这类场所。”

“那么……可能是在某人的结婚典礼上吧？”

“最近我也未参加过任何婚宴。”

“这么说……可能是在 ×× 地方……总之，我只记得当时您打扮得很漂亮。”

“啊！今天我的这种装束实在很抱歉，哈哈……”

No.4 推销自己，夸赞对方的窍门

中国人多半有谦卑的习惯，主动去称赞他人则比较少见。特别是男性之间更有这种倾向，对于对方率直的赞赏，多半将其视为奉承巴结或是有事相托时才讲的话。

只是为了要别人买商品便随意地夸赞他人，我总觉得这完全不适用，低声下气的做法只是徒遭人厌恶罢了。

对自家商品有认识和自信，就已经产生了良好的效果，交谈不过是制造些欢喜气氛罢了。与其犹豫不决地烦恼，不如以自身明朗的性格应对处理。

/第二章/　磁场：

撑住场面，精准表达，走到哪里你都是交际高手

1. 如何让面试官在一分钟内记住你
2. 赞美的艺术：具体赞美，流露真情
3. 教你“绵里藏针”地回应质疑
4. 踢皮球话术：对方不想答应也会答应
5. 让对方觉得可以随时反悔
6. 时间很宝贵，啰唆是原罪
7. 倾听方式决定沟通内容
8. 理性容忍：与人发生冲突怎么处理

1. 如何让面试官在一分钟内记住你

当对方只给你一分钟，你需要思考的不是说什么，而是如何让对方愿意花更多的时间听你说。只有在时间充裕的情况下，你才有机会表达自己的想法。

求职时，很多面试官都会这样说："现在给你一分钟，展示一下你的优势（或者个人魅力）。"这时，你该怎么办？一分钟够吗？做自我介绍都不够，还怎么展示个人优势或其他特质？

大多数人存在这样的谬误，觉得时间紧迫就要长话短说，恨不得像相声贯口似的一口气说完，如你的姓名、毕业于哪所学校、工作经历等。如果你细心观察，就会发现HR听到这些内容时情绪不会有多大变化；如果你介绍得再详细一点儿，可能面试官还会打断你。

为什么会这样？根本原因是，其一，你的语速太快了。你要明白，沟通是双向的，不是自顾自地说完一切就能实现有效沟通。如果你的语速过快，对方不但很难听进去，甚至还会觉得你像一只聒噪的公鸡。其二，你说的信息都是简历上已经存在的。换句话说，面试官想听到的绝不是你的简历中已经出现的。否则，面试官直接看简历就行了，何须面试呢？

日常生活中，我们经常遇到类似的情况。比如，女朋友生气跟你闹分手，只给你十秒钟解释；客户让你用三分钟介绍推荐的产品……这些情境传递出来的最直观的要素就是——时间。

面对这种情况，我们该怎么做呢？

既然时间是我们沟通道路上最大的阻碍，只要为自己赢取更多的时间，就能扭转劣势局面，让对方好好听你说话。所以，当对方只给你一分钟或几分钟时，你需要思考的不是说什么，而是如何让对方愿意花更多的时间听你说话。只有在时间充裕的情况下，你才有机会表达自己的想法。

下面介绍几种小技巧，可以让你为自己赢取更多的沟通时间。

No.1 制造意外性话题

以面试官提出“一分钟展现个人优势”为例，如果你按部就班地列举自己策划的项目、获奖经历等都显得很苍白，因为面试官早已料到你会说这些话，它并不能突出你的优势或魅力。

所以，你要打破常规，制造意外性话题，告诉面试官：“其实，工作上我没有特别突出的优势，不过，朋友、同事都说跟我相处很愉快，觉得我能带给他们安全感，或许这就是我的特别之处吧！”

No.2 激发对方的好奇心

当你抛出这个话题，面试官就会产生疑问，为什么大家会有这种感觉呢？从而形成下一个话题："哦？你可以举几个例子说明一下吗？"这样，你就赢取了更多的沟通时间。

战国时期，有个门客A将这个说话技巧运用得炉火纯青。当年齐国宰相田婴想在封地薛地筑城，可如果在薛地筑城，齐王一定猜忌他存有谋反之心。因此，田婴身边的门客都劝他打消这个念头。田婴听烦了，就撂下一句狠话："这件事我已经敲定主意，你们谁再劝我，我就杀了谁！"

这时，门客A跑到田婴跟前，说了这么一句话："对于您想在薛地筑城的事，我就说三个字，要是多说一个字，您就杀了我。"

田婴顿时来了兴趣，心想："三个字就能说服我，我倒想听听是怎样的三个字。"

这就是沟通中激发对方的好奇心。原本田婴已经不想听谏言，但门客A用这句话为自己争取了更多的沟通时间。

No.3 回应主题

延伸话题后，我们需要把沟通主题绕回到最初的话题——你的优势或魅力。

此时，门客A就说了三个字："海、大、鱼。"田婴听得云里雾里，就让门客A解释这三个字的深意。门客A只是说："鄙臣不敢以死为戏。"这次田婴着急了，反过来安抚门客A说："你尽管说，我一定不责怪你。"

于是，门客A说："齐国好比汪洋大海，您如同海水中的大鱼，渔网套不住您，鱼钩拉不住您，您可以在海水里任意遨游。如果您失去大海的庇护被钓到岸上，哪怕是蝼蚁都可以欺负您。"

说白了，门客A是在告诉田婴，如果齐王不再维护他，他将失去已经得到的一切。田婴觉得这番话很有道理，就打消了筑城的想法。

所以，当表达受时间限制时，我们应先为自己争取更多的时间，不能因时间紧迫就慌了手脚。此外，阐述自己的观点时也要言之有理。只有这样，你说的话，对方才能听进去。

2. 赞美的艺术：具体赞美，流露真情

每个人的内心深处都渴望被认同、被赞许。假如一个人告诉你，他并不喜欢被赞美——相信我，这是你的赞美方式出了问题。

美国著名心理学家威廉·詹姆士说过："人类本性上最深层的企图之一，是期望被人赞美、钦佩和尊重。"毋庸置疑，每个人的内心深处都渴望被认同、被赞许。假如一个人告诉你，他不喜欢被赞美——相信我，这是你的赞美方式出了问题。

我有个同事小贾，她的嘴巴跟抹了蜜似的，需要找人帮忙时，再瞎的话也说得出口。女上司新做的发型明明很一般，她也能称赞对方像从彼得堡走出来的公主；客户明明很胖很矮，她也能说对方看起来英俊潇洒。

不过，当小贾夸赞别人时，对方的脸上没有太多喜悦，更多的

是一种尴尬。毕竟谁都不是傻子，自己做的头发好不好看、身材走没走样，心里最清楚。这种浮夸离谱的赞美，还不如没有呢。

那么，怎么判断对方想听到什么样的赞美，又以什么样的方式赞美对方才能起到好的作用呢?

赞美他人时，你首先要找到对方渴望被赞美的点。

人们愿意向他人展示的东西，往往是他渴望被关注或被问起的，如发到朋友圈的照片、摆放在显眼地方的物件等。要是一些私密或不愿让人知道的，他肯定会藏得好好的。所以，你可以根据这些线索，有技巧地赞美对方。

我的同学小贝在这方面特别有发言权，她是我朋友圈里最善用赞美之词的人。

小贝的朋友特别多，在职场上也混得如鱼得水，很大原因是她嘴甜。不过，跟很多人不一样，小贝的赞美怎么听都让人觉得舒服。

上周末，我们几个同学聚会，小贝发现薇薇做了美甲，就说："这个美甲颜色特别适合你，衬得你肤色白，在哪儿做的呀?"薇薇回答："没去店里，我自己做的。"

"真的吗? 你好厉害，我还以为是美甲师做的呢。"

"哈哈，我看着教程做的，有空你来找我，我给你做。"

其实，小贝的赞美技巧很简单，就是具体化对方的优点，让对方感受到你的真诚，相信你是真的在赞美她，而不是恭维或者敷衍。

当对方被人赞美时，他的心理、情绪都会产生一系列变化，更加注重自己被赞美的部分。比如，薇薇会更喜欢指甲油的颜色，对自己的美甲技术更加自信，然后自我求证——“这个颜色果然适合我”“我果然很厉害”，由局部再扩展至整体，增强自信心。

当对方从心底获得愉悦后，自然愿意亲近带给他这种情绪的人——赞美者。所以，日常社交中，我们不要吝惜赞美，抓住赞美的线索再具体化，这会让你的社交效果事半功倍。

3. 教你“绵里藏针”地回应质疑

最好以示弱的态度，“绵里藏针”地回应对方的质疑——先承认对方的质疑很重要，再引入一些潜在的证据回应。

从事口才技能培训工作的这几年，我发现很多学员遇到过这样的问题：不会恰当地表达自己，尤其是在一些特殊场所，如与同事激烈地争辩、扭转局面的说服、与舌灿莲花的客户谈判。这些战场上的时机瞬息万变，不是仅凭一些客套话、说话公式、自己的小聪明就能将战场变为主场。

有的学员说，自己已经十分小心谨慎了，可还是会不自觉地说错话，给别人添堵，让对方觉得自己不会好好说话。有过这样的经历，一些学员钻了牛角尖，觉得自己不会说话，就应该少说话，避免祸从口出。

阿元就是“一朝被蛇咬，十年怕井绳”的典型人物。去年，他在一家药品公司做销售员，一次给客户介绍药品信息时，被客户中途打断了。

“你不用介绍了，我听说你们公司最近被药品监督管理局立案查处行贿事件，我不想跟口碑不好的公司做生意。”

阿元马上辩驳：“我们公司绝对没有做这样的事，您这么说，实在有损我们公司的清誉。就算您不想跟我们合作，也不能这样出口伤人。”

此话一出，阿元不但没有打消客户的疑虑，反而使客户更加生气。后来，这事被经理知道了，阿元还被经理批评不懂业务、不会说话。

经过这件事，阿元看了很多关于说话技巧的书籍，并对其中一个典故深信不疑——唐代高僧问：世间有人谤我、欺我、辱我、笑我、轻我、贱我、恶我、骗我，如何处置乎？

拾得和尚答：只有忍他、让他、由他、避他、耐他、敬他、不要理他，再待几年，你且看他。

此后，阿元跟别人交谈时总是小心翼翼的，面对客户的质疑不再回应，面对同事的误解也不理会。没过两个月，经理就以“不适合做销售员”的理由辞退了阿元。

拾得和尚这番话确实洒脱，但他的回答对仗工整，言辞精妙，可见他并非常人。对于他人的质疑，他也并非沉默，而是巧妙回应。其实，这句洒脱之语后面还有一首偈字：

老衲穿衲袄，淡饭腹中饱；补破好遮寒，万事随缘了。有人骂老拙，老衲只说好；有人打老拙，老拙自睡倒；唾沫在面上，随他自干了；我也省力气，他也无烦恼……

拾得和尚的处世态度固然洒脱，但若真与人辩驳，以拾得和尚的口才定不会落到下风。所以，在特定的情境或场所，沉默也是一种说话技巧，但不适用任何沟通场景——面对他人的质疑、刁难，你首先要做的就是回应。

不过，如果像阿元最初那样直接反驳，很可能解决不了问题，还会火上浇油。所以，如何回应也讲究技巧。

此前，我在外企工作，由于业务能力突出，很快得到女上司麦瑞的赏识，被她提拔做了总监。

对于我的升职，一些老员工心有不忿，猜度我是因为和麦瑞有私人交情才会这么快上位。刚开始，我也不在意这些闲话，但后来公司的风言风语越来越多。于是，在一次公司的公开演讲上，我对“是否有私交”这件事做了回应。

演讲时，我说之前在一次创业峰会上和麦瑞有一面之缘。没想到，后来收到麦瑞发来的E-mail，抬头就是“亲爱的古先生……”，当时看得我心花怒放，还以为麦瑞对我有意思，后来才知道这是外国人的习惯和礼仪。

演讲结束后，关于我和麦瑞有私交的闲话随之消失了。

无论在职场还是日常生活中，当你被他人质疑时，不可沉默不语，也不可充满攻击地回应，最好以示弱的态度，“绵里藏针”地回应对方的质疑——先承认对方的质疑很重要，再引入一些潜在的证据回应。

上周，朋友芳芳就遇到一个类似的问题。经理与她闲聊时，说：“芳芳，我真羡慕你，很清闲的样子，工作也不累。”

芳芳说：“这有什么值得羡慕的，我的工作也挺多的呀。”

事后，芳芳问我这么回答是否有问题。我告诉她，这么说虽然没错，但更好的说法是：“经理，我是一名设计师，有时候您看到我没有在工作，其实我的大脑一直在不停运转——我需要静下心来思考，这样才能做出让客户满意的设计方案。您觉得我清闲，是因为您看不到我的大脑也在工作啊！”

这样说，既不会让对方感觉你反驳了他的观点，还能消化他对你的质疑情绪。

再如，有客户质疑某广告公司的业务能力，说：“你们策划的广告引流效果不如另一家公司。”这时，你可以这样回应：“我明白您为什么会有这种感觉。一年前，您完全可以这么想，但今年我们聘请了业内最知名的广告策划人，之前火爆全网的《×× 口香糖》广告就出自他之手。”

4. 踢皮球话术：对方不想答应也会答应

踢皮球话术，就是将问题或解决问题的方法踢给对方，让对方在你的引导下做出决定。

大家都有过购物砍价的经历。其实，砍价也是说服对方的一种形式，通常大家是怎么砍价的呢？

“老板，你不卖便宜点儿，我就不买了。”

“你不……我就不……”的说话语式，具有很强的威胁性和攻击性。遇到好脾气的老板，人家可能懒得搭理你；遇到脾气差的老板，人家可能直接一个白眼丢过来：“爱买不买，不买，哪儿凉快哪儿待着去！”

既然威胁不管用，语气软和一点儿是不是就管用了？所以，有的女生砍价时会用撒娇的语气说：“老板，你就卖便宜点儿嘛。”这话又有些太软，给对方留有回绝的余地，人家凭什么答应你呢？

绝大多数商家软硬不吃，你该怎么说话才能达到砍价的目的呢？

沟通过程中，最忌讳的就是说威胁性的话，这很容易激起对方的逆反心理；说软话又没有戳中对方的痛点，很难达成说服效果。所以，你说的话一定要软硬适度、柔中带刚，可以用“踢皮球话术”达到自己的目的。

所谓踢皮球话术，就是将问题或解决问题的方法踢给对方，让对方在你的引导下做出决定。

逛商场时，你看中了一款皮衣，可以这样对老板说：“我确实很喜欢这款皮衣，也很想在你家买，不过刚才在其他店看到有类似款式的价格便宜一些，这让我很犹豫，怎么办呢？”

这句话向老板传达了三个信息：第一，“我确实很喜欢”，赞美了店家的商品；第二，“其他店铺的价格更便宜一些”，暗示店家存在竞争对象；第三，“你说怎么办呢”，将决策权转交给老板。

“我确实很喜欢，但是……”的句式软硬适度，表明你喜爱这个商品的同时，也表达了它存在的劣势——价格偏贵。最后，你客客气气地把皮球踢给老板：“你说怎么办呢？”看似需要老板帮你做决策，实际上是在向老板施加压力。

这时候，老板往往给出两种解决方案。第一，降低价格；第二，应允给你一些赠品作为价格补偿。无论老板最后选择哪一种方案，对你而言都是有利的。

踢皮球话术不仅适用于购物砍价，在其他沟通情境中也能灵活运用。

快到下班点了，席东需要设计部的同事帮忙设计一张海报。这时，他对张同事说：“你现在给我做一张海报，晚上加班也务必在今天做完，因为明天我要把它交给老板。”

张同事会找各种理由推脱，并且心生埋怨：“早干吗去了，为什么快下班了才说？再说，你不能按时完成工作，老板批评的是你又不是我，我为什么要为你加班？”

如果席东这样说：“张设计，老板临时给我下发了任务，明天就要把项目策划书上交，策划书的内容我已经做得差不多了，但是缺一张海报，你看，这该怎么办呀？”

这么说，一是将责任推诿到老板身上，二是突出时间紧迫，三是把解决问题的方法踢给对方。这时，即使张同事心中不悦也不好推托，只能说：“老板要是着急要，我只好加个班，晚点做好发给你。”

生活中，就算你说的话软硬适度，也不能保证百分之一百有效。就拿购物砍价来说，你说其他店更加便宜，老板也可能会说：“哪家店便宜，你就去哪家买呗。”如果你加上一句“你觉得呢”“你看，这事儿该怎么办呀”……把决策权交给对方，对方往往就不会直接回绝你了。

说话是我们与生俱来的能力，但是如何说话、如何把话说到对方心里去，就是一门学问。因此，我们需要掌握一些说话技巧，让社交变得更加简单。

5. 让对方觉得可以随时反悔

面对犹豫不决的人，你越是着急催促，越会增加对方的顾虑和心理压力，他就越可能退缩。这个时候，你要往上“推”他一把。

日常生活中，你一定遇到过做事犹豫、难以决断的人。尤其是你在劝说对方时，好话赖话说了一箩筐，对方就是不敢点头答应，往往追问一句：“这事可行吗？”即使你给了他肯定的答复，他还会再说一句：“可我还是觉得……”

这时，你心里着急，催促对方赶快做决定。对方左思右想，最后竟然丢下一句：“算了吧，我担心……”

面对犹豫不决的人，你越是着急催促，越会增加对方的顾虑和心理压力，他就越可能退缩。这个时候，你要往上“推”他一把。

金牌销售员深谙这个道理。回想一下，在你犹豫要不要购买某件商品时，销售员是怎么做的？

普通销售员会说：“美女，今天是我们促销的最后一天，明天就要恢复原价了，您现在买，可省了不少钱呢！”

金牌销售员则会说：“这件商品您今天买回去以后，如果有任何不满意，七天之内可以随时退换。”

一开始，听了普通销售员的话，你可能会心动。但购物经历多了，你明白“最后一天促销”不过是商家的营销手段，再听到这样的话，就不会再轻易做出购买行为了。

为什么金牌销售员的业绩漂亮？除了他会使用一些销售手段外，最重要的是他的态度。也就是说，你越迫切，越会增加对方的压力，使对方的神经紧绷起来，担忧自己会因一时冲动做出错误的决定。所以，金牌销售员往往会给顾客留下退路——顾客会觉得即使过后自己后悔了，七天内可以随时退换商品，也不会有什么损失。

有的商家可能没有退换货服务，但依然可以用这个技巧与对方沟通。

以客户谈判为例，假设你面对的客户犹豫不决，你可以这么说：“杨总，我知道您觉得这个项目不错，只不过还没有做出决定，对吧？没关系，我给您一个建议，可以先付一些定金，如果您不满意我们的项目策划书，随时可以终止合作。您放心，如果终止合作的话，这笔定金会如数退还。”

这样说，一方面可以打消对方的顾虑，另一方面还能推动对方做出决定。因此，当对方犹豫不决时，你可以告诉他：“放心吧，您现在做的这个决定可以随时终止。”

当对方觉得自己有退路时，会更容易接受你的建议。

韩星向老板提出加薪的请求，老板却犹犹豫豫，不想答应。这时候，如果韩星叙述往日的功劳或者以辞职要挟，很容易激发老板的负面情绪，不但加薪无望，还可能失去老板的倚重。

韩星思量一番，这样说：“老板，您给我涨薪后，我下个月的KIP估计能增长50%。如果没有做到，您可以恢复我之前的工资。”老板欣然接受了韩星的提议。

到了第二个月末，韩星如期完成了自己定下的任务。周末大家聚餐时，他又做起了和事佬，想说服女同事和朋友相亲。如果他说：“相亲对象真的不错，是我大学导师的侄子，你见了一定中意。”这样说估计会增加女同事的心理压力，觉得自己去了要是不喜欢对方，拒绝他或者哪句话说得不合适，会影响韩星和导师的关系。

韩星是这样说的：“这个小伙子是我大学导师的侄子，品貌不错，你见见也不吃亏，不喜欢的话，不也是多认识个朋友吗？”这么一说，女同事没有太大的心理负担，更容易接受。

很多人会担心，如果对方真的后悔了该怎么办？

其实，人们跨出了第一步，往往不会再回头。俗话说，开弓没有回头箭，人们做出决定后很少会真的后悔。这是因为，人们做出选择会付出相应的时间和精力，一旦后悔，就意味着之前的努力付之东流。

6. 时间很宝贵，啰唆是原罪

啰唆不是因为你欠缺表达的能力，有表达障碍，而是欠缺思考。

很多人有说话啰唆的毛病，本来一句话就能讲清楚的事，非要说上一大段，浪费口舌不说，听的人也不买单，最后还会吐槽一句："你终于说完了。"

有人说自己的表达能力太差了，说话总是说不到点子上。其实，啰唆不是因为你欠缺表达的能力，有表达障碍，而是欠缺思考。

举个最典型的例子。电影《大话西游》里的唐僧是出了名的啰唆大王，在至尊宝和他抢月光宝盒时，他是这么说的："你想要呀？你想要说清楚就行了，你想要我就会给你的，你想要我当然不会不给你了，不可能你说要我不给你，你说不要我偏给你……”要是谁在现实生活中这么说话，估计与电影里的情节一样——被他人一顿胖揍。

日常社交中，我们要尽量纠正啰唆的毛病，说话要条理清晰、简单易懂，这样大家才愿意继续听你说下去。

No.1 先把重点找出来

沟通过程中，有的人找不到重点，常常一股脑地把想到的话都说了。这样一来，对方自然会觉得你很啰唆。

小鹏去女朋友家拜访，女朋友的爸爸问他未来有什么规划。小鹏就把自己未来几年的打算都说了出来，如什么时候换公司、什么时候带女友旅游。结果，女友爸爸听得一脑门汗，觉得他太啰唆了。

其实，这件事不能怪小鹏，因为女友爸爸的问题太过开放，可以回答的内容太多了。在这种情况下，小鹏可以先把重点问题找出来，可以问：“叔叔，您具体指的哪方面呢？工作还是其他方面？”

缩小问题范围，我们在回答时也能更加准确，避免啰唆。

No.2 根据沟通对象判断是否做减法

有人说，自己本可以好好说话的，但是担心对方听不懂，结果翻来覆去地说，被人吐槽说话啰唆。

妙妙想送男友一双 AJ 运动鞋，但又不太了解 AJ，就问男同事大多喜欢耐克哪款系列。

通常，一般人回答这个问题时会说某某系列、某某型号。但对于玩鞋的男生，提到 AJ 就成了话痨：“我给你看张图片，这双鞋的配色采用黑、白亮色，鞋面比较高，你能看出这是一双高帮鞋吧？鞋帮的位置正好到脚踝，上脚非常舒服，它是 AJ 系列里乔丹穿的最后一双鞋。我跟你说，要是只买一双 AJ，一定要买 AJ13，经典款永不过时。”

这么一大段话，男同事的核心就是一句话：“买 AJ13。”其实，这句话谁都听得懂，可男同事偏要继续说，听者自然会觉得啰唆。不过，有人觉得男同事的话不啰唆，那就是跟他一样对 AJ 感兴趣的人。所以，面对不同的沟通对象，要根据对方的性别、年龄、职业、关系等，对话术适当做减法，只说他们关心的内容。

你还可以把对方关心的问题放在前头，这样说：“AJ13 是乔丹上脚的最后一双鞋，要是只买一双 AJ，肯定选这款！”你看，这么说就不显得啰唆了。

7. 倾听方式决定沟通内容

倾听是讲究技巧的。错误的倾听方式非但不能改善人际关系，还会让对方感到厌恶。

很多语言培训师会告诉学员：“与人顺利沟通的第一步，是学会倾听。”

心理咨询师、新闻工作者、金牌销售员都是通过倾听掌握对方的心理活动，进而展开有效的沟通，足见倾听在沟通过程中的重要性。

不过，倾听是讲究技巧的。错误的倾听方式非但不能改善人际关系，还会让对方感到厌恶。

下面是三种讨人嫌的倾听方式。

No1. 打断别人说话

周六，小狄盼星星、盼月亮，终于盼到和女友约会。出门前，他特意梳洗打扮一番，就想给女友留下好印象。没想到，“硬件”没问题的小狄，居然在“软件”上栽了跟头——跟女友没聊上几句话，两个人就扫兴而归。

据小狄说，女友赴约时心情本来挺好的，还主动跟他聊起工作上的事：“前段时间，有个客户特别难缠，不管我跟她说什么，她都不相信……”

“你要给她做详细的介绍呀。”小狄打断女友的话，自作聪明地建议道。

“我做了，而且跟她说的流程都是公开透明的，可她……”

“问题肯定出在你们的交流方式上。你要理解对方，毕竟她不是业内人士，怎么可能知道那么多呢？”

此时，女友已经面露不悦，随便聊了几句，就借口家里有事离开了。

日常生活中，像小狄一样不解风情的人不在少数，尽管他们表现出一副认真倾听的样子，但不等对方把话说完，就会提出自己的意见或看法。小狄女友想说的不是“有个客户很难缠”，而是“客户难缠的具体表现”。小狄没有听到最后，就三番五次打断她，凭自己的推测结束了话题，难怪会错失跟女友进一步发展的良机。

No2. 偏离对方的沟通轨迹

大家都说同事倩倩的脑回路清奇，因为她从来不考虑别人想谈的内容，只关注自己感兴趣的。

同事甲：“真可恶，我今天遇见骗子了！”

倩倩：“啊，怎么回事？”

同事甲：“我从地铁口出来，碰见一个卖 iPhone 手机的，说是水货便宜处理。我觉得价钱挺划算的，就买了。没想到，买回来后才发现他给我的手机居然是模型……”

倩倩：“嗯，骗子太可恶了。不过，iPhone 手机挺好用的，你之前用什么牌子的手机？”

同事甲想找人倾诉自己上当受骗的事，倩倩却把话题转移到手机品牌上，这也是大家不喜欢和她聊天的根本原因。

No.3 过于注重谈自己

与人沟通时，有的人总是控制不住自己的表达欲，不管聊什么总是把话题拉到自己身上。

A：“情人节那天，我老公送了我一条蒂芙尼项链。”

B：“哦，我也有这条项链。我朋友常驻香港工作，免税店的价格比咱们本地便宜不少，下回你再买东西，可以让她帮你代购。”

A：“啊，好烦，电脑死机了，我的文档还没保存上！”

B：“我能懂你的心情。上回我跟你遇到了同样的事，做的设计图全都没了，害得我重新做了三四个小时……”

A：“今天的客户太讨厌了，一副他花了钱请客，我就应该马首是瞻、言听计从的样子！”

B：“嗯，别跟这样的人计较。对了，你觉得我染酒红色的头发好看吗？”

A 本来想继续说下去，但 B 每次都把话题引到自己身上，将 A 的谈话内容调换成自己想聊的事。

喜欢跟别人分享生活不是一件坏事，但如果每次截胡对方的话语权，只会损害你们的社交关系。

8. 理性容忍：与人发生冲突怎么处理

想要化解社交矛盾，最简单的办法就是在我们宣泄不满前做一些冲突铺垫。

日常社交中，由于沟通不良，我们难免会与他人发生冲突。随着小摩擦、小冲突的不断累积，社交关系就会如“千里之堤，毁于蚁穴”一般。因此，想要改善人际关系，最重要的不是亡羊补牢，而是对于冲突机制未雨绸缪。

常见的社交冲突，多发生在与快递员、出租车司机、售货员、服务员等的沟通中，因为我们对社交存在误解：每个人的行为动机都存在两面性。换句话说，同一件事发生在两个人身上，往往存在不同的版本。

庞燕在某网店购买了两箱矿泉水，快递小哥只把两箱矿泉水送到了小区的保安门岗。为此，庞燕打电话投诉快递小哥，快递小哥觉得自己没有过错，不该受到投诉，两个人你一言、我一语开始争执起来。最后，快递小哥还威胁庞燕：如果不撤销投诉而导致被扣工资，就要你的好看。

在庞燕的版本里，快递小哥送货上门本就是职责所在，她投诉是行使消费者的合法权益；在快递小哥的版本里，两箱矿泉水那么沉，庞燕家住五楼没有电梯，他送货上门一趟得累个半死，把快递放在保安室又不会丢失，这么做并无不妥，庞燕竟因此投诉他，他怎么可能不生气？况且，他说报复庞燕只是一时气话，更多的是想通过这种威胁手段让庞燕撤销投诉。

基于庞燕和快递小哥的立场、情绪和认知不同，他们思考的出发点完全相反，形成两种截然不同的版本，进而引发社交冲突。

大多社交冲突是因为我们没有意识到同一件事存在两面性，因此，想要化解社交矛盾，最简单的办法就是在我们宣泄不满前做一些冲突铺垫。

庞燕投诉快递小哥前，可以先跟他电话沟通：“我知道两箱矿泉水挺沉的，但我是个女生，连一箱水都搬不动。我下单之前先咨询过店家，对方说合作的快递公司有免费送货上门的服务。抱歉，或许我说的未必是事实，但你没有送货上门，会让我觉得你的服务不称职。”

“或许我说的未必是事实，但是你的某种行为带来了什么样的感受”，同样是在叙述个人观点，却大大降低了沟通的攻击性，不会让对方产生被污蔑、被攻击的感觉。

这种句式适用于任何沟通情境。

芳芳送给男朋友一个新钱包，但男朋友依然在用旧钱包。此时，芳芳不满意地说：“那个旧钱包是不是你前女友送的，你舍不得扔？是不是还没忘了她？”

不管真相到底如何，在芳芳咄咄逼人的问话下，男朋友必然心生反感，如果再针锋相对，情侣间的矛盾只会越发严重。

如果芳芳这样委婉地说：“你知道我这个人有点儿敏感，你一直不用我送的钱包，我觉得很难受……”

在你指责对方前，除了做一些冲突铺垫外，还可以用自己的一些缺点“陪绑”批评。有了这样的铺垫，对方很容易心平气和地接受你的建议。

社交关系中，当遇到矛盾、冲突时，要理性容忍对方身上的问题，毕竟冲动机制存在两面性。如果仅站在自己的立场思考问题，非但不能化解矛盾，甚至还会火上浇油，那就得不偿失了。

/第三章/ 入场：

见什么人便说什么话，到什么场合就唱什么歌

1. 告别“尬聊”，不做话题终结者
2. “命令式说话”只会让你讨人嫌
3. 如何委婉地向对方表达不满
4. 明确目标，让沟通事半功倍
5. 要懂得营造道歉的大氛围
6. 掌握分寸感也是一种能力
7. 老板想听的是效益数据，不是废话
8. 唠家常是沟通客户的好方法

1. 告别“尬聊”，不做话题终结者

“尬聊”是个大问题，你遇到这种情况，说到底是因为聊天内容没有质量。

前阵子，朋友华子向我吐槽她的相亲对象，说对方是“直男癌晚期”，聊会儿天都能把她气晕过去。

我原本觉得是华子不理解对方，等我看完他们的聊天记录，不由大呼：“话题终结者真的太恐怖了！”

华子的相亲对象叫阿凯，听说他因不太会聊天，已经相亲失败五六次了。

一开始，华子觉得阿凯是因为性格腼腆，不好意思主动跟女生聊天，所以加上微信后，她主动说：“你好，很高兴认识你。”

遇到这种情况，大多数人会说“认识你，我也很高兴”，可阿凯却反问道：“你有多高兴？”华子当时就蒙了。

华子说，她和阿凯认识已有半个多月，阿凯除了每天早上问好，就是问她“吃饭了吗、吃了什么”，话题毫无新意。为了缓和尴尬气氛，华子只好多找一些话题，但是阿凯回复后都毫无例外地直接冷场。

华子：“我一直想养一条茶杯犬。”

阿凯：“多大的茶杯才装得下？”

华子：“我舅舅家养了一条藏獒，特别凶。”

阿凯：“藏獒不太通人性，网上经常报道有藏獒把主人咬伤残的事件。”

前段时间，华子去外地出差。阿凯关切地问：“刚才我看了一下天气预报，你那边下雨了吗？”

“下雨了。”

“雨下得怎么样？”

看到这句话，华子再也忍受不了，直接把他拉黑。其实，阿凯说这些话并无恶意，他也想活跃聊天气氛，只是话一说出口就变成让人生厌的“废话”。

不少人有过“尬聊”的经历，尤其是刚认识时，打完招呼后不知该说什么好，辛苦准备的话题没有合适的切入点，对方抛出的话题又接不上，沟通半小时却发现说得最多的竟是语气词。

你遇到这种情况，说到底是因为聊天内容没有质量。

“尬聊”是个大问题，没有意识到自己“尬聊”是更大的问题。道理很简单，能意识到你问题的人，通常不会将真相告诉你。

就像华子一样，她首先想到的是拉黑对方，而不是告诉对方的问题出在哪里。

总之，话是说给别人听的。只有让你的语言起到正面作用，才能让这场沟通变得有价值。下面教你三个告别“尬聊”的小技巧，让自己不做话题的终结者。

No.1 制造冲突

沟通过程中，如果出现无话可说的情况，你可以故意制造一些小冲突。

制造冲突是影视剧中常用的一种拍摄手段，以推进故事向前发展。这个技巧在沟通中同样适用。例如，提出一些具有争议的话题或相反的观点，制造紧张、兴奋的沟通气氛，激发对方的表达欲。

值得注意的是，制造冲突的目的是渲染沟通气氛，不是跟对方恶意抬杠，一定要拿捏分寸，否则会得不偿失。

No.2 加入更多的兴趣点

前段时间，电视剧《延禧攻略》刚一上线就火爆全网。究其根本，是因为剧情跌宕起伏，格外地吸引观众。沟通也是如此，如果你抛出的话题充满兴趣点，聊天时自然不会冷场。

A：给你推荐一部电影《临终千言》，特别好看。

B：哦，是吗？回头我看看。

通常，对方这么回应时往往是一种敷衍。一方面，B 对 A 推荐的电影不感兴趣；另一方面，B 对这场话题也失去兴致。不过，换种说法就是另外一种情形。

A：前几天，我看了一部电影挺有意思的，男主角一开口说话，树上就会掉叶子。

B：啊，这是巧合吧？

A：哈哈哈，不是哦！男主角莫名其妙地跟一棵树签订了契约，他每说一个字，树上就会掉下一片叶子。等到树叶都掉光了，他就会……

B：会怎么样？男主角该不会死了吧？

你看，话题已经不请自来。

No.3 不随意插话

随意插话是聊天的大忌，不但会终止你们的话题，还会降低对方对你的好感。

很多人犯过随意插话的错误，公司的“快嘴”张洋不止一次出现这样的问题。

一次，销售总监开周一例会，说到上周自己去外地与客户进行了细节沟通，他坐飞机回来时看着夜空中的皓月繁星，心中不由感慨谈判的艰难。没等总监说完，张洋就诧异地问：“飞机上怎么会看到月亮？”

总监顿时哑口无言，过了半天才吐出几个字：“飞机上有窗户。”

即使总监表面不说什么，心里恐怕也不想跟张洋再有什么沟通了。有这样的例子在前，想来你已经知道随意插话的恶果了。

2.“命令式说话”只会让你讨人嫌

不管你有什么样的地位、身份，与他人沟通时都应以平等沟通为前提，这样才能成为大家都喜爱的人气王。

我的初中语文老师转行后，在一家出版公司做编辑。由于当过老师，他跟总编、同事沟通时，总是把“我这么说，你能听得懂吗”“你理解我的意思吗”之类的话挂在嘴边，这让同事都很反感。

一次，当他再次对一个同事说“你听懂我的意思了吗”时，同事忍不住说道：“你每天来单位是找存在感的吗？用得着天天问我们‘懂不懂’‘明不明白’吗？大家又不是门外汉！”

这时，语文老师才明白为什么同事都不喜欢他。

现实生活中，不少人存在命令式说话的问题，遇到什么事不管懂不懂、会不会，都以高姿态指导别人怎么做。当对方不接受建议时，他们还会觉得自己没有错：“我是好心好意地提醒你，你怎么能不领情呢？”

事实上，“命令式说话”只是一种单向沟通的自嗨，对方不但难以接受，而且会心生厌烦。

举个最常见的例子，父母跟子女沟通时，常常是命令式说话：你去倒垃圾、你把桌子擦了……由于子女从小就被父母指使，在潜意识中对于父母的命令不以为意。

如果我们把角色调换一下，同事对你说：“你把垃圾倒了。”“你把报表拿过来。”你就会觉得不舒服，并在心里嘀咕：“你凭什么指使我干这干那的？”

所以，社交关系中，如果过于频繁地使用命令式语气，结果只能惹人嫌。

学姐卢曼是个很会说话的人，总能给人如沐春风的感觉。其中，很大一部分因素都源于她善于使用求助式沟通。比如：“你可以帮我把文件拿过来吗？”“我现在走不开，可以帮我把资料打印出来吗？”相比于命令式沟通，求助式沟通更能达到社交目的。

卢曼说：“以前我说话的时候也常常使用命令式语气，直到有一次吃了亏，才意识到说话语气有多么重要。”

前两年，卢曼在一家公司做理财业务员，负责为客户录入购买理财产品的资料。一次，她正在为客户介绍理财产品，不方便随意走动，就对同事说：“小贺，你去复印一下客户的证件。”

当时小贺正在忙，没有立即回应卢曼，她就催促道：“你在干吗？快点儿把客户的证件复印好。”

就在卢曼几次催促之下，小贺才拿着复印件姗姗来迟。等客户离开后，卢曼立马找到小贺，毫不留情面地说："你有没有搞错，我让你给客户复印证件，你怎么弄了那么半天，客户都等着急了！"

"你这个人真逗，我该你的还是欠你的？凭什么你让我干什么，我就要干？"

"你不是该我的、欠我的，我们都是公司的员工，当然要为公司的利益着想，以客户的需求为首位！"

"你别给我扣帽子，老板跟员工说话还客客气气的，你凭什么对我指手画脚？"

她们你一言、我一语地争吵起来，最后主管出面调停，俩人才心不甘、情不愿地互相道歉。后来，卢曼无意间在茶水房听到小贺跟同事闲聊。

"你们部门的卢曼真是让人讨厌，跟谁说话都一副趾高气扬的样子。"

"谁说不是……那天她让我给客户复印资料，如果她说话客气点儿，我早就帮她复印了！"

直到那时，卢曼才明白自己的说话方式也可能得罪人。

无论在生活还是职场中，任何人都不喜欢听到命令式语言。这种沟通方式，通常带有教育、训斥的口吻，很容易被人误会成批评或找碴儿，让对方产生不愉快的情绪。

不管你有什么样的地位、身份，在与他人沟通时都应以平等沟通为前提，这样才能成为大家都喜爱的人气王。

3. 如何委婉地向对方表达不满

当我们想要做某事变成被迫做某事的时候，就会失去内在的驱动力。如果这件事的回报很少，甚至费力不讨好，就更不愿意去做了。

柠檬最近遇到一件烦心事。

柠檬和老公阿杜新婚不久，婆婆每天都会来他们的新家。如果婆婆只是过来玩、帮帮忙，柠檬也不觉得有什么不好，反而还会感激婆婆。只是，每次婆婆过来都像审讯犯人一样审问她，比如："柠檬啊，你给阿杜做饭了吗？""柠檬啊，你给阿杜洗袜子了吗？""柠檬啊，阿杜的衬衫一定要熨平，否则他穿出去会被别人笑话的。"

柠檬越听越来气，对我吐槽说："我这么大个人了，还能让老公饿着吗？让他穿着脏衣服出门吗？婆婆这些话，都不应该说！"

柠檬说得不无道理，但既然婆婆已经这么说了，她该怎么解决这个问题呢？

遇到这种问题，大家首先想到的就是拒绝婆婆的“好意”：“妈，我们都是成年人了，您不用这么操心，我们能照顾好自己的。”

其实，更好的说法是：“妈，最近我们上班特别忙，回到家都很晚了，麻烦您每天晚上六点左右过来一趟，帮我们做做饭、熨熨衣服。”

为什么要这么说？亲人之间很难理直气壮地表达自己的不满，这是因为对方往往打着“关心”的旗号“冒犯”我们。再者，老年人和年轻人的世界观往往存在较大差异，像“婆婆管得多”这种事，很多老年人可能意识不到，所以不太能理解年轻人的情绪。

当你想跟对方讨论某件事情时，如果对方从根本上不能理解这件事，沟通过程中就很容易出现误会。假如我们用常见的说法拒绝婆婆的“好意”，在对方眼里，我们就会变成嫌弃老人、不识好歹的恶媳妇。哪怕你没有这个意思，但很难说对方不往坏的方向想。

因此，当你想要拒绝对方的好意时，可以用以退为进的方式提醒对方：你来帮我当然好，但帮忙的同时也意味着责任。

以退为进的沟通技巧，源于一个心理学效应：当我们想要做某事变成被迫做某事时，就会失去内在的驱动力。如果这件事的回报很少，甚至费力不讨好，就更不愿意去做了。

有个老人居住在郊区，他家门口有一片空地，常常有孩子放学后到这里踢足球。老人觉得孩子们很吵闹，但又不好意思直接把他们赶走，于是老人就想了个主意，对他们说：“我很喜欢看你们踢球，你们可以每天都来这儿踢球吗？我每天给你们5元。”

孩子们欣然答应了老人的请求。一个星期后，老人对孩子们说：“我最近手头有点儿紧，以后每天只能给你们2元了。”

孩子们有些不高兴，但还是照旧来踢球。又过了几天，老人对孩子们说：“我没有钱了，以后只能给你们5角钱。”孩子们这下生气了：“拿5角钱就想让我们踢球给你看？没门！”从那以后，孩子们再也不来这儿踢球了。

所以，当你想拒绝婆婆的“好意”或者让她停止唠叨，不妨试试这种方法，让她意识到帮忙背后的责任。可能一开始她会痛痛快快地答应你，时间久了，恐怕她自己都会厌烦，届时你再顺水推舟地说不再请她帮忙了，就能得到想要的效果。

其实，我们完全可以利用人类的矛盾心理，用最简单也最不伤感情的办法，提醒对方束缚是相互的。当对方感觉到被束缚的痛苦时，自然能懂得将心比心。

4. 明确目标，让沟通事半功倍

人们经常遇到缺失沟通目标的情况，无法明确告知或表达自己的想法，或者主观上不知道自己想要表达什么，从而使沟通对象产生不知所云的感受，甚至因此怀疑沟通者的动机。

无论在生活还是职场中，我们经常需要主动与人交谈。不过，这样的交谈仅限于打招呼、说客套话，双方很难深入下去。这些统称为“无效沟通”，它最鲜明的特点就是，人们在社交活动中没有明确的目标，双方出于礼貌而沟通。

现实生活中，人们经常遇到缺失沟通目标的情况，无法明确告知或表达自己的想法，或者主观上不知道自己想要表达什么，从而使沟通对象产生不知所云的感受，甚至因此怀疑沟通者的动机。

举例职场沟通的经典剧情：面试途中，HR 接起电话，对眼前的应聘女主角说：“你把书架上的文件夹拿过来。”

应聘女主角看着琳琅满目的文件夹，拿了一份离手边最近的交给HR。随即，HR挂断电话，冷漠地宣布：“你被pass掉了。书架上有几十份文件夹，你为何不跟我确认应该拿哪一份？盲目地选择，只会降低工作效率。”

就在应聘女主角悻然离开的时候，忽然意识到这不单单是她的错误。于是，她再次走到HR面前，面不改色地说：“您设计的审核标准非常不合理。如果您需要我在最快的时间内拿到需要的文件夹，应该明确告诉我它在第几行、第几列、编号是多少。”

应聘女主角一开始拿错文件夹，是因为她对目标认识不清楚。当然，造成这一结果的主要原因，是HR含糊不清的表述。不管从哪个层面看，HR和应聘女主角之间的沟通无疑是失败的。

在沟通者表述不清楚、提供的信息不完善的情况下，普通人很难在最快的时间通过换位思考做出反应——就是通过沟通者的动作、语言、神态，猜度他究竟想表达什么。所以，在这种情况下，我们首先要做的就是询问清楚对方的想法，否则只会事倍功半。

当然，除了要明确对方的沟通目标，还要明确自身的沟通目标。

玫玫刚接手公司的人事工作时，闹出过不少笑话。

一次，领导让玫玫通知一个面试者周一任职，她坐在电脑前斟酌良久，通知内容写了删、删了写，始终没有想到该怎么跟对方沟通。眼看到了下班时间，玫玫才迟疑地发送了一条消息：“您好，请问您去幼儿园接孩子了吗？”

面试者被这条消息弄得满头雾水，当即回复："您问这些干什么？"

玫玫不知如何接话，只好说："我了解到您每天都去学校接送孩子，就问候一下。"一个多小时过去了，玫玫始终没有等到对方的回复。当她再发消息时，发现对方已经把她拉黑了。

事后，我问玫玫为什么要询问对方的隐私。玫玫一脸无辜地说："我就是想表达友好，让对方感觉到我们公司是一个和谐、友爱的团队。"

玫玫的做事方法让人哭笑不得。如果当初她能够明确沟通目标，言简意赅地给面试者发送任职通知，我想，对方也不会质疑玫玫的动机，更不会直接拉黑她。

生活中，不少人总是漫无目的地和他人交流，没想到自己到底要达到一个怎样的沟通效果。比如，你准备去采访某位名人，拜访对方之前就应该明确此行的目的，是想了解他的哪些故事、哪些事迹，还是为了向对方请教某个问题，再或者请求对方帮你做某件事，从而满足你的个人需求。只有明确沟通目的，才不会使双方陷入尴尬的境地。

5. 要懂得营造道歉的大氛围

当你需要向对方道歉时，要把所有的罪责都揽到自己身上，营造一种你已经很努力弥补错误的感觉。

上周，公司的左总监因为个人作风问题，妻子跑到公司大吵大闹。碰巧那天有客户到公司来访，亲眼看见左总监的妻子像个市井泼妇似的列数着左总监的十几条罪状，如没诚信、没担当、背叛家庭等，一副“不把他搞垮、搞臭，我就不活了”的样子。

客户瞧见这一幕，委婉地向总经理表达了不满，暗示不愿意跟没有责任心的人合作。

总经理很生气，就让左总监给客户发一封致歉函，其实就是让他好好解释这件事，打消客户的疑虑。

当天，左总监就给客户发送了致歉函。客户看完他的致歉函，直接打电话给总经理，还是表示不愿意让左总监继续负责他们合作的项目。就这样，总经理为了留住客户，把左总监解雇了。

左总监的致歉函是这么写的："吴总，您好，对于今天上午发生的事情，我感到很抱歉，没想到妻子的无礼行为会引起这么多领导的重视。我和妻子只是正常的夫妻吵架，她的性格泼辣，才会到公司吵闹让我难堪，领导对这件事的高度关注也让我意识到'攘外必先安内'，我会处理好和妻子的矛盾，请领导们放心。"

左总监的致歉函为什么不被客户接受呢？因为他在致歉时，踩了两个雷池。

第一个雷池，试图淡化事情的严重性。"我和妻子只是正常的夫妻吵架"，左总监从始至终都不觉得自己的行为有问题。换句话说，这句话表达的意思是，家家都有本难念的经，你们的吵架可能都是藏着、掖着，我们吵架的事被搬到台面上而已。夫妻吵架这事儿，本来就没什么好解释的。

第二个雷池，极力撇清自己的责任。"妻子的性格泼辣，才会到公司吵闹让我难堪"，这是将责任推卸到妻子身上。"我会处理好和妻子的矛盾，请领导们放心"，说白了，现在做的一切都只是领导的要求而已。

上述几番话，让这封致歉函显得毫无诚意，根本起不到任何作用。你要明白，致歉的本质是借助语言的力量消除对方的误解，而不是强行辩解，甚至让对方觉得你是在指责对方不该对你产生负面评价。

历史上的汉安帝就很擅长使用说话技巧。一年，京师闹饥荒，百姓已经饿到恨不得吃人的地步，汉安帝下诏说："朕以幼冲，奉承洪业，不能宣流风化，而感逆阴阳，至令百姓饥荒，更相啖食。咎在朕助不逮。”意思是说，如今京城闹饥荒，民不聊生，苦不堪言，都怪我不能感动天地，这一切都是我的错。这时，百姓还会怪罪皇帝吗?

客户让安安在设计图里加入“五彩斑斓的黑”，安安完成不了，结果被老板责怪。这时，安安辩驳道：“完成不了任务不是我的错，要怪就怪客户的要求太奇葩，换作任何一个设计师估计都没法完成，为什么要怪我？”

其实，安安说得没有错，但她的态度只会让人觉得她在推卸责任。

如果安安这样说：“老板，对不起，没让客户满意全都怪我，因为我的能力不足，我感到很惭愧。”

通常，老板会反过来安慰安安：“这件事也不能怪你，客户提的这个要求确实有些无理取闹，哪儿有‘五彩斑斓的黑’啊！你别太苛责自己了，回头你重新再给客户做个设计图，要是对方还不满意，就不跟他们合作了。”

当你需要向对方道歉时，要把所有的罪责都揽到自己身上，营造一种你已经很努力弥补错误，并从内心深处认为这件事是你造成的感觉。这样，别人反而会觉得这件事真的不是你的错。

6. 掌握分寸感也是一种能力

人际交往中，我们一定要注意分寸感，哪怕对方把你视为亲近的人，并将自己的秘密告诉你，你也不能以“我最先拿到第一手资料”的想法，将他的事情大肆宣扬。

古人云：“事君数，斯辱矣；朋友数，斯疏矣。”意思是说，如果你总是当领导的跟屁虫，总有一天会遭受羞辱；如果你总是跟朋友腻乎在一起，你们的关系迟早会变得疏远。

古人的智慧在当代仍然适用，它揭示了人际交往的潜台词：与人交往，一定要有分寸感。

所谓分寸感，说白了就是与人交往的心理距离。可能你已经注意到，我们在跟刚认识的人接触时往往会保持一种防备状态。比如，介意对方跟你发生肢体接触，介意对方用你的水杯，介意对方问你的个人隐私。

上周，我们单位来了一个新同事F君，他挺开朗的，跟谁都能聊上几句。原本大家对他的印象不错，但后来因为他实在太自来熟了，反倒让办公室的人都对他敬而远之。

前两天，一菲和F君一块接水冲咖啡。一菲开玩笑地说："不好意思，热水都被我接完了。"

F君想都不想，就把一菲的杯子拿过来喝了一口，还笑嘻嘻地说："那有什么关系，反正我也喝到啦。"

一菲当时就怔住了，不知道该说啥。中午吃饭的时候，一菲气急败坏地跟我说："那个新来的怎么回事？他居然拿我的水杯喝水！而且，你知道最恶心的是什么吗，我都不打算要那个杯子了，他竟然给我送了回来！"

说实话，对于F君的举动，我也觉得很难理解。尽管同事之间玩闹是一种表达友好的方式，但这种太过亲近的行为，恐怕谁都接受不了。

没过两天，人事部的莎莎也吐槽说，跟F君相处太别扭了。那天，莎莎找他拿资料，结果F君"友好"似的拍了一下她的头。

莎莎是个暴脾气，当时就不高兴了，对他说："你要流氓呢？"这件事一下子激起众怒，大家都过来替莎莎说话，要求F君向莎莎道歉。

事后，F君也做了自我反省，写了一封公开道歉信，解释说自己当时没有想那么多，也没考虑到其他人的心情，以后会注意的。

其实，每个人都有一把丈量社交距离的尺，除了物理距离和心理距离外，还有信任距离。就如我的女同学大三时意外怀孕了，后来和男友低调领证，连婚礼都没办。最先知道这个消息的是女同学的闺密A，但由于A的口风不严，很快大半个班的人都知道了。经过这件事情，女同学跟A的关系再也不复从前。

人际交往中，我们一定要注意分寸感，哪怕对方把你视为亲近的人，并将自己的秘密告诉你时，你也不能以“我最先拿到第一手资料”的想法，将他的事情大肆宣扬。这个秘密是别人的，你没有权利把它当成谈资，其他人也没有权利过问。

7. 老板想听的是效益数据，不是废话

老板与其说在乎谁在会议上舌灿莲花，不如说是在意自己公司的开会效率。

职场人接触最多的一个词就是“开会”——周一例会也好，周五总结会议也罢，都会花去员工大量的时间。所以，老板与其说在

乎谁在会议上舌灿莲花，不如说是在意自己公司的开会效率。

老曹是我的前同事，他留给大家最深刻的印象不是业务方面的，而是“废话多”。每次开会时，他总有说不完的话，如果实在没有新观点，就车轱辘话来回说，老板一个劲点头示意“可以了”，但也阻拦不了他言论自由的激情。

一次，公司派发一个大项目，计划 3 个月完成。一个多月过去了，项目只完成一个雏形。老板在会议上鼓励大家说说自己遇到的问题和想法，商议出一个有效的解决方案。

轮到老曹时，他一手托着笔记本，另一只手在空中“指点江山”，说：“项目进展这么慢，肯定遇到困难了。但我们不怕困难，遇到问题就要解决问题。俗话说，有困难要上，没有困难，制造困难也要上！”

结果，老曹说了半天也没说出个所以然来。原本计划召开半小时的会议，也被拖延到 50 多分钟。反过来一算账，老板用所有人 20 多分钟的工资，请大家听了一场热闹但毫无营养的演讲。

知乎上有这样一个话题：如何合理利用开会的废话时间?

员工 A 晒出自己在会议记录本上的涂鸦之作，老板一直以为他在认真做笔记；员工 B 表示，可以利用这些时间休息一下；员工 C 扶着眼镜，一直偷偷地用手机看谍战连续剧；员工 D 在手机里存上金庸全集小说，表示反复看了很多遍，温故而知新；员工 E 趁着这个机会，背起笔记本上抄录好的英语单词。

可见，公司会议冗长非但不能调动员工的积极性，提高工作效率，反而会促使员工开小差，占据宝贵的时间资源。所以，开会时，老板应带头提高每个员工的开会效率。

No.1 制订会议目标

提高会议效率，最快捷的方式就是制订会议目标。即针对预期结果设定主题，围绕主题展开会议讨论，保证不偏离，更不能做跟主题相悖的事，一定要将全部精力倾注于会议主题上，如此即可让冗长的会议大大缩短。

开会前，将会议议程和相关文件发送给每个人，能确保会议的高效。

No.2 确定好参会人员

确定参会的人员构成。要知道，开会并非人越多越好，有时候，人数越多反而越不利于决策的形成，导致人云亦云。

No.3 规定会议时间

限制会议时间，普通的部门小会不宜超过半小时，公司的大型会议（涉及重大决策）不宜超过一小时。坚决杜绝员工开会迟到的行为。

No.4 会议主题不超过两个

领导给员工开会时，都希望能通过会议给团队灌输思想或做出正确决策。如果你将会议主题确定得过多，参会人员很难把握哪个主题最重要，会议时间也很难把控，尤其到会议后期阶段，大家很可能早已“心猿意马”。

当公司规模超过 20 人时，需要在开会前跟部分人员单独会面，这时，高层领导要做的就是创造高效的会议文化。高层领导需要聆听每个人的意见，让每个员工都知道他们的意见会被看重。

公司召开会议的目的是完成目标任务，高效探讨会议内容能提高会议质量，有助于形成有效的团队协同工作方法。

8. 唠家常是沟通客户的好方法

多数销售活动并不是一开始就直奔主题，而要事先预热，拉近与客户的距离，循序渐进地沟通，然后找时机谈正题。

俗话说“心急吃不了热豆腐”，这句话同样适用于销售活动。确实，多数销售活动并不是一开始就直奔主题，而要事先预热，拉近与客户的距离，循序渐进地沟通，然后找时机谈正题，如此才有可能取得预期的、让人满意的效果。

如果一开始就贸然直奔主题，不仅不能取得客户的好感和信任，反而让客户怀疑你的动机不纯，甚至会把客户吓跑，导致销售终止。

一份调查报告能佐证这种说法：在我国，一线定点销售人员中，92.7% 是女性，耐心、细致、韧性是她们最突出的特点。销售活动刚好需要这几项独属女性的特征，促使其顺利地进行下去。

绝大多数客户希望自己可以得到优质的服务，并非一开始就被询问是否需要某项产品。

因此，销售人员千万不要急着在客户面前表露销售意图，以免适得其反。

保险推销员杨成拜访一位认识但不怎么熟悉的客户，刚见面，他没有直接说明来意，而是先跟客户寒暄起来："佟小姐，您好，贸然打扰，谢谢您在百忙之中抽时间见我，这是我的名片，请多指教。"

佟女士接过名片看了看，说道："哦，杨经理，客气了。我们虽然不熟悉，可也见过几次面，谈不上贸然打扰。"

杨成说道："我知道您是贵公司的骨干，工作朝九晚五的很规律，但不知您平时有没有参加休闲活动？"

"哦，最近一段时间比较充裕，每周都会抽出两个晚上去上管理培训课，周末带孩子去公园或游乐场玩。"

“嗯，时间的确比较充实，白天工作，晚上还要学习，积极上进，佩服。您父母只有您一个孩子吗？”杨成继续问道。

“不是，我还有两个哥哥，我排行最末。”佟女士回答道。

“哦，那他们都在哪里高就，也和您一样是公司高管吗？”杨成紧接着问道。

“不是，我大哥在国企药厂上班，二哥在银行上班。”

“都是非常不错的工作，真让人羡慕。”杨成附和着说道，“那您平时有理财的习惯吗？做过哪些理财呢？”

“几乎没做过理财，不太懂。其实，除了家里的开销，也没有多少闲钱，不过保险倒是有几份了。”佟女士想了一下，说道。

“哦，您买保险了，是吗？”杨成问道。

“是单位给买的，我老公的保险也是单位给买的，不过孩子还没有买保险。”佟女士认真地回答道。

“佟小姐，保险不像理财，要量力而行。作为朋友，我觉得您需要给孩子买一份保险，这是他未来生活的一份保障，很重要的。您觉得呢？”杨成逐渐把谈话内容引入正题。

“嗯，我知道现在商业保险是必要的，你是保险业人士，肯定比我了解。你给我算算，一个 5 岁的孩子，一年要交多少保险费呢？”佟女士问道。

“这要看您具体选择什么保险类型，不同的险种，缴费金额、需要承担的责任都不同。一般而言，像您这样的家庭……”杨成开始对公司的保险险种作详细介绍。

佟女士一边仔细听着，一边沉思着。

最后，杨成告辞时，佟女士要求他第二天带一份保险合同来家里洽谈。

这个事例中，聪明的杨成在与客户交谈时并未贸然推销保险，而是采取循序渐进的方式，先跟客户寒暄，然后唠家常，拉近彼此间的距离，获得客户的信任后才进入正题，最终成功取得客户的信任，为后面的销售打下良好的基础。

/第四章/ 暖场：句句说到对方心里去，悄然拉近彼此的情感距离

1. 故事思维：让你的观点深入人心
2. 人气王就是说别人爱听的话
3. “鸡同鸭讲”是因为你预设了心理防备
4. 如何与“杠精”愉快地交流
5. 很实用的愿景沟通技巧
6. 你的想法不等于别人的看法
7. “尴尬”变幽默，一笑解千愁
8. 怎么说才能赢得赏识

1. 故事思维：让你的观点深入人心

当我们需要说服他人时，不妨借助故事思维，通过自我例证或他人例证，让你的观点更加深入人心。

日常生活中，我们经常遇到“需要说服”的时候，所以提高自己的说服力特别重要。对商家来说，只有激发顾客的购买欲望并说服对方支付，才能完成交易。因此，商家投放广告时都会凸显自身的优势，以此说服顾客购买。

在电子商务刚刚兴起时，大多数人对网上购物十分谨慎，觉得商品看不见，质量不一定好。后来，某电商平台推出“七天无理由退货、退款”，人们才加入电商购物的大军，因为大家成功被电商平台的服务说服了。

很多人对如何说服他人存有误解，如在沟通中喜欢强行推进自己的结论。

同事茉莉就常犯这个错误。当别人与她的想法不同时，她总是用反问或追问的方式逼迫对方赞同她。

一天中午休息时，部门的几个同事去吃饭，在餐厅看见一个长得特别漂亮的女生。小米夸赞说：“这姑娘长得真漂亮。”茉莉偷偷打量了一下那个女生，说：“现在她是化妆了，卸了妆，谁知道长什么样？”

小米觉得茉莉说得太刻薄，就说：“女生化妆只是点缀，咱们聊点儿别的吧，在背后议论别人不好。”

结果，茉莉不依不饶，自顾自地说：“本来就是，化妆技术好的人，即使长得丑也能把自己化得很漂亮。你们看过抖音上的卸妆视频吗？那些女生化完妆，个个长得跟仙女似的，可卸了妆，扔到人群里都不会多看一眼。”

小米觉得茉莉太自以为是，只好附和两声，吃完饭匆匆走了。

沟通是天平的砝码，重在平衡二者的关系，让双方表达自己的真实想法。即使说服对方时也不能将观点一味地强加给别人，否则，不但无法实现有效沟通，还会引起双方的冲突。

很多人坚信以理服人，认为只要自己说得有道理，就可以说服对方。

其实不然，当销售员向你推销商品时，你告诉过销售员不买的真实依据吗？所以，不是你说得有道理，对方就会被你说服。说服过程中，沟通双方的关系就像销售员与顾客，只有在尊重对方的前提下才能令人心悦诚服。

说服他人的技巧有很多，如连续提问、引导对方的关注点、愿景描绘等，但这些说服技巧有较高的口才、知识储备要求，不适用于大众。所以，当我们需要说服他人时，不妨借助故事思维，通过自我例证或他人例证，让你的观点更加深入人心。

去年，傅首尔突然爆红，源于她参加了一档综艺性辩论课程。

在“混得normal，要不要参加同学会”这道辩题前，傅首尔说：“混得normal就是还可以，所以我觉得这时候不去，那你什么时候去？非得混成像马云那样再去？你想得有点儿多了，因为你有可能越混越差，现在不去，以后就去不成了。”

“normal可能是你这辈子的巅峰，所以抓紧时间赶紧去。”几句话一下子击中网友的心理要害，引得评委、导师、现场观众拍手叫好。不过，单纯的论点很难成功说服别人。大家都是听着大道理长大的，在读、听、说中，更加相信自己推理出来的观点，而非别人强行灌输的。

傅首尔深谙这个道理，接下来，她给观众讲述了自己的故事：“我认为参加同学聚会非常励志，你越是normal，越要去。你不去一下，都不知道自己有多normal。

“我每年都参加同学会，就是想看看我的男神什么时候秃。结果年复一年，我胖成了球，他还是那样。我一点儿都不难过，这特别有助于我修心，因为你知道有些东西得不到是有道理的。”

傅首尔几句话就能说服观众，与她的观点是否正确无关，而在于其的表达方式。

如何说服对方是一门科学，但它时常被人们当作一种艺术，这是谬误。

有人认为自己不擅长说服对方，实际上，只要学习、理解说服的心理依据，再运用一些合理的技巧，你就能成为说服高手。

2. 人气王就是说别人爱听的话

无论你在做什么，都免不了与人打交道。想要获得人脉、好人缘，你就要拥有好口才。

当今社会中，成功的事业、广泛的人脉都离不开一张巧嘴。为什么这么说呢？无论你在做什么，都免不了与人打交道。想要获得人脉、好人缘，你就要拥有好口才。

小熊是公司的人气王，大家都喜欢跟他聊天，因为他总能说得别人心花怒放。

同事蒋敏参加会计资格证考试，当时，考试桌子上有一颗突出的钉子把她的真丝衣服钩坏了。回到公司后，蒋敏吐槽说：“昨天真是太倒霉了，我那件衣服800多元，我很喜欢，可钩坏了还怎么穿？”

有同事安慰她说：“这事没什么大不了的，喜欢再买一件同款的就好啦。”蒋敏听后更加烦闷，气呼呼地说：“说得简单，钱又不是大风刮来的！”

这时，小熊笑着宽慰她：“哎呀，蒋敏，我要是你就不会这么郁闷了，反而还会高兴呢！”

“为什么这么说？”蒋敏问道。

“你知道桌子上有钉子寓意着什么吗？”

“破钉子除了能钩坏衣服，还能寓意什么？”

“不知道了吧，这叫板上钉钉！这可是好兆头，说明你的考试铁定能过关！”

蒋敏听后，顿时转“郁”为喜，笑着说：“要是考试通过，就算破了件衣服也值得！借你吉言，回头有好消息了请你吃饭！”就这样，办公室的气氛又变得欢快起来。

难怪大家都喜欢小熊。试想，假如你的身边有这么一个会说话的人，会不喜欢他吗?

会说话，不只是会说好听的话，还要会说别人想听的话。上述案例中，为什么其他同事的宽慰都没让蒋敏笑逐颜开？因为他们没说出蒋敏最想听的话。

“损坏一件衣服没什么，大不了再买一件。”“别不开心了，为了一件衣服不值得！”这些话虽然能起到宽慰的作用，却很难让人打心底接受。这好比一个朋友不小心割破手指，你对他说“伤口很小，不会感染的”，这不能让他忽视手指割破的痛感。如果你及时拿给他一张创可贴，他就不会再生烦恼了。

社交环境中，语言是人与人思想交流、情感交流最直接和最便捷的途径。好听的话，不但可以让陌生人产生好感，还能让熟悉的人拉近感情、有分歧的人化干戈为玉帛。

我们都知道“伴君如伴虎”的道理，跟君王聊天，一句话没说好可能就会面临灭顶之灾。所以，当古代的君王做了错事，贤臣们想要劝谏就得动一动脑筋。

先秦时期，兵强马壮的秦国要攻打赵国，赵国只好向齐国求助，希望齐国能够帮助自己渡过危难。齐王不是傻子，心想：现在出兵救你，万一以后你趁我虚弱时攻打我，怎么办？于是，齐王提出一个不近人情的要求：“让我出兵可以，但你们得把皇子长安君送来当人质。”

眼见祸事迫在眉睫，赵国没有办法，只好答应这个要求。但赵国朝臣没想到的是，赵太后竟然因爱子心切弃国家大事于不顾，坚决反对让长安君做质子。赵国朝臣劝了又劝，对长安君不做质子的利害关系分析了一箩筐，赵太后始终就一句话：“谁也别想打我儿子的主意！”

当时，赵国有个能言善道的朝臣叫触龙，他打算进宫面见赵太后，试着说服她同意长安君当质子。

赵太后是个“老人精”，一听说触龙想见她，就猜出他的目的，在心头盘算：“好你个触龙，只要今天敢来劝我，我就把你骂个狗血喷头！”

让赵太后没想到的是，触龙刚和她一见面就唠起了家常。俩人聊了聊燕后出嫁的情况，赵太后回想起女儿当日出嫁的情景，不由黯然神伤。

“我特别理解您疼爱儿女之心，咱们为人父母的不都希望儿女过得好吗？要我看，您不疼爱长安君，否则就会让他去齐国做质子了。”触龙说。

“你这话就说错了，我就是因为疼爱他，才不舍得让他去齐国做质子。”赵太后说。

“您要是真疼爱长安君，就得为他的将来做打算。”

一提到儿子的将来，赵太后来了兴趣，连忙问触龙，怎么做才能保住儿子一辈子的荣华富贵。

触龙知道这话说到赵太后的心坎里了，就不急不慢地说：“您琢磨琢磨，以前的那些皇子、侯爷，他们的好日子过得久吗？都是没过几年就被罢官削爵，还不是因为国家嫌他们拥有太多的财富却从未作过贡献吗？

“您那么疼爱长安君，给他用不完的金银珠宝，却不让他为江山社稷立功，再过几十年，长安君就会重蹈以前皇子的覆辙。到那个时候，您这个做母亲的再后悔就来不及了。”

触龙几句话就点醒了赵太后，她同意让长安君去齐国做质子。

赵国的危难，就在触龙的几句话中烟消云散了。

现实生活中，不少人因不会说话吃过亏，如失去晋升的机会、得罪了好朋友，甚至遭受他人的孤立。所以，我们说话时一定要善用得体的语言，这样才能赢得别人的好感。

这个世界上，没有任何人是完美无缺的。如果你想成为人气王，就要学会说一些好听的话，而不是挑剔他人的短处。拥有好口才的人，走到哪里都会受人欢迎。

3.“鸡同鸭讲”是因为你预设了心理防备

很多人认为情商高就是“对事不对人”，事实上，只有做到“对人不对事”才能实现真正的有效沟通。

日常沟通中，我们常常遇到“鸡同鸭讲”的情况。有时候，我们的大脑动得比嘴快，对方还没说完话，你的大脑就已经等得不耐烦，迫不及待揣测对方的意图，并根据揣测结果进行回应。

昨天，同事A和同事B发生口角，起因是他们共同负责的一个项目出了问题，A就指出B在工作上的一些疏忽。其实，A的本意是想让B注意自己的问题，以后不再出现类似的错误。结果A的话还没说完，B就怒气冲冲地说："你就是想让我背黑锅！"

B的这种行为，就是典型的预设心理防备。在双方还没开始真正沟通的时候，B的大脑已经飞速运转，迫不及待地把A的话定调了。

类似情况在生活中时有发生，最常见的就是家长质问孩子："你肯定又调皮捣蛋了，否则，班主任为什么叫我去学校？""你就是不想写作业，现在不好好学习，将来怎么能考上好大学？"

家长之所以有这种过激反应，原因在于他们的脑子转速太快，只听到孩子说"班主任让您去学校""数学作业好难，我一会儿再写"，大脑就预先做了判断——孩子为"不想学习"找借口。

一旦家长预先判定孩子沟通的意图，他们就会觉得孩子后面的话不用听都知道，肯定是一堆借口。这也是我们与人沟通时，常常觉得"鸡同鸭讲"的根本原因。

其实，从某种意义来说，双方沟通时，往往在跟自己预设的对话沟通。简单地说，就是一个人分饰两个角色沟通、互通，另一个沟通者只不过是道具，负责充当我们批评或夸耀的对象。

事实上，对方说的一切，你只听了开头，根本没有理解他说的究竟是什么意思。

很多人认为情商高就是“对事不对人”，事实上，只有做到“对人不对事”才能实现真正的有效沟通。

假设同事 B 没有预先揣测同事 A 的意图，耐心地听他说完，就会明白同事 A 根本没有甩锅的意思，双方的口水之战也不会发生。

所以，与人沟通时要明白沟通的目的是什么，尽量做到不在乎对方暂时的行为，通过沟通逐步了解他在想什么、此刻的感受是怎样的。只有如此，才能避免发生鸡同鸭讲的情况。

4. 如何与“杠精”愉快地交流

既然抬杠这件事不可避免，在日常生活中，我们该如何愉快地与“杠精”交流呢？

前段时间，网络上出现一个新的流行词“杠精”，这也从侧面反映出“抬杠”是我们在人际交流中不可避免的环节。

虽然大多数人在抬杠时都只是想让对方认同自己的观点，但他们的说话方式往往很难被人接受，甚至会让双方从一开始的意见不同演变成激烈争吵。

既然抬杠这件事不可避免，在日常生活中，我们该如何愉快地与“杠精”交流呢？

阿寻特别喜欢抬杠，不管别人说什么，他都能强行争辩。

《延禧攻略》《如懿传》先后上映，两部电视剧的剧情成为同事们茶余饭后的谈资。一次，一个同事说《如懿传》没有《延禧攻略》好看，阿寻就开始抬杠，说：“《延禧攻略》不尊重史实，哪朝哪代的宫女敢 diss 皇上？要不是女主角开挂，早就被赐死一万八千回了。”

周末，部门同事聚餐，主管想把堂弟介绍给文员琪琪认识，就旁敲侧击地问她找对象有哪些标准。琪琪想了一下说：“家庭条件都是次要的，最重要的是对方有上进心、事业心。”

结果，阿寻接话茬说：“琪琪，你真虚伪，说要求对方有上进心、事业心只是拜金的遮羞布，说白了，还不是希望对方有钱。”

琪琪跟阿寻争辩几句，也说不过他，被这些话气得直哭。最后，阿寻又搬出一句流行的“杠精”话：“哎呀，我就是随便说说，认真你就输了。”这句话说完，不管琪琪再说什么，都好像是她在无理取闹。

似乎“我就是随便说说，别往心里去”“开个玩笑，认真你就输了”已经成为“杠精”的常用语，虽然他们说出这句话往往是出于调侃心理，但严格来说，这种把“讨论道理”变成“讨论态度”，事先挖好陷阱等着别人跳下去的做法，从逻辑思维的角度来看不仅荒唐，而且无耻。

很多人败在这句话上，是因为他们太容易顺应对方的思路思考问题。就拿琪琪来说，本来她有一箩筐的话反驳阿寻，结果阿寻摆出一副死不讲理的态度：“随便说说，你怎么还能认真呢？”琪琪有理也说不出了，甚至自我检讨：“对呀，是不是我太较真了？”

不是！咱们本就应该就事论事、讲道理，凭什么你一句话，我就要调整自己的心态去迁就你？

与“杠精”交流时，你需要掌握三个话术技巧。

No.1 跳出对方的语言陷阱

很显然，对方说出“别那么认真”，其实已经偷换了概念。不管你们最初讨论的话题是什么，如果你和他展开关于“认真”的话题，怎么都没法说过他。所以，你一定要跳出对方的语言陷阱，不要顺着他的思路往下沟通。

No.2 明确自己的观点，指出对方的问题

当对方搬出“你怎能认真呢”时，你要告诉他：“你之所以这么说，是因为你已经讲不出什么道理了，只好跟我插科打诨、偷换概念，咱俩本来谈的是道理，你现在却在跟我谈态度。”

这么说，你还会收获另一个附赠价值——形象价值。

我们与人交流、争辩的目的，不是吵赢对方，但当对方劝你“别较真”“别认真”时，就说明他在乎的仅仅是能否吵赢你。所以，这是你树立认真、讲道理形象的好机会。别忘了，日常生活中，我们与人争执时存在说话场景——这个场景可能是公司，也可能是聚会，所以你要做的不是强硬辩回去，而是圈好感。

No.3 以彼之道还施彼身

这句话出自金庸先生笔下，意思是抄袭某人的方法来迫害那个人。既然他的逻辑是错的，要是你把这个逻辑套在他身上，他肯定也接受不了，也不好再说什么了。

5. 很实用的愿景沟通技巧

当你想让对方做某件事时，就给他编织一张美丽的网，让他对这件事产生兴趣，自然就会激发对方的上进心。

不少女生有这样的苦恼：男朋友缺乏上进心，平时看起来蔫蔫的，日子也过得浑浑噩噩，看着就觉得未来没有指望。

身为女朋友，遇到这种情况想开口劝两句，有时候话说得不对，不但起不到劝说效果，还可能激发情侣之间的矛盾。

通常，大家劝导没有上进心的人都是怎么做的？说一些诸如“加油”“不要害怕失败”之类的话，或者分享一些心灵鸡汤，再或者用激将法如“你看看你的同学谁谁谁……”

事实上，这些方法用来勉励自己还行得通，但要用来劝说别人，只怕就行不通了，对方一句“你是不是嫌我没本事 / 嫌我穷”，就能把你噎得接不上话。听到这样的说法，你可能会觉得对方没救了，甚至产生分手的念头，但转念想到你们的感情又觉得很可惜，陷入“怒其不争”的自闷情绪之中。

事实上，我们会陷入这种坏情绪，多半是因为不懂对方的心。想要劝“不求上进”的男友调整心态，首先要了解对方真正的心理需求。

当男友说出“我不想大富大贵，就想做个普通人”，往往是出于防御心理。这句话的潜台词是：“我害怕遭受挫折，在舒适圈里待着挺好的。”

一说到“害怕挫折”，人们本能地就会劝慰对方“失败没什么可怕的”。事实上，真正令人感到害怕的不是失败本身，而是“我怎么努力都没用”这个结论，因为这是对一个人最直接、最彻底的否定。

所以，劝说不求上进的人时，你要先打消他对失败可能造成后果的恐惧，这样才可能走出舒适圈。你可以这样说：“既然老板赏识你，你就接下这个项目，就算最后没搞定也不会有什么损失，就当积累经验啦。”

鼓励对方的过程中，有的人用力过猛，就会把鼓励变成埋怨或命令：“你为什么不能为了我们的未来努力呢？难道你对现在的生活很满意吗？”“这是一个升职的好机会，你必须抓住它。”

人都是这样的，你越是叫他做什么，他就越不想做什么。所以，我们鼓励对方时一定要拿捏好尺度。

职场中，很多老板激励员工时会使用“愿景沟通技巧”。通俗地说，就是给你画一张大饼，告诉你一旦实现某一目标，这张大饼就是你的了。员工有了干劲，业绩自然有所提高。

就像《小王子》作者圣·埃克苏佩说的那样：“如果你想造一艘船，不要抓一批人来收集材料，不要指挥他们做这个、做那个，你只要让他们渴望浩瀚的大海就行了。”其实，这种“愿景沟通技巧”加以变化，不仅适用于职场，也适用于鼓励不求上进的人。

黄征在一家房地产公司做销售员，一直秉承“一年不开张，开张吃一年”的自我满足原则，只要卖出一套房子，他就不再积极地跑客户了。

不过，女朋友的几句话就激起了他的积极性：“亲爱的，我看了一篇日本的旅游攻略，富士山的景色好漂亮啊！听说全球最棒的寿司店就在日本，你最爱吃寿司了，咱俩攒钱就可以去日本了。”

黄征一直就期待能去日本旅游，当即表明态度：努力赚钱，带女朋友一起到日本旅游。

如果你的另一半没有上进心，你可以尝试用“愿景沟通技巧”打动对方。

人们都害怕困难、挫折，却喜欢好吃的、好玩的。所以，当你想让对方做某件事时，就给他编织一张美丽的网，让他对这件事产生兴趣，自然就会激发对方的上进心。

很多时候，命令、胁迫等沟通方式并不能奏效，但掌握正确的说话技巧一定可以。

6. 你的想法不等于别人的看法

因为大家的看法不同，多一分理解和忍让，你的生活才能变得更加轻松、愉悦。

“人类的悲欢并不相通，我只觉得他们吵闹。”鲁迅的这句话，揭示了人际交往过程中如果没有理解，再好的关系也会出现危机。

相信，很多人跟我一样，都遭遇过类似的社交困扰。

父母一唠叨，自己就心生憋屈，忍不住反驳两句。事情过后，你又总是懊悔不已："真不该那样跟长辈说话，我实在太不懂事了。"但再遇到类似的事情，还会重蹈覆辙。

情侣之间都抱着互相扶持、白头偕老的信念，可自己总是为一点儿小事争执不休，吵个没完，弄得彼此身心俱疲。

自己不是讨厌某个同事，只是不认可他的工作方法，本意是好心给他提几条建议，可话到嘴边就变成了苛责和埋怨。结果，问题没解决，跟同事还生出许多嫌隙。

我们总是在不经意间伤害自己珍视的人，还因此耗费了大量精力。造成社交矛盾的关键，就在于"理解"两个字。

老婆："我刚拖完地，你进屋为什么不换鞋？"

同事："我觉得这个方案很奇葩！"

舍友："下次能不能别再让我帮你拿快递了！"

……

类似的话都可以用一句话来概括——为什么你不理解我呢？

每个人都希望得到他人的认可和理解，这样的期盼越多，越容易做出互相伤害的事情。

以我的家庭生活为例。女朋友是个有轻微洁癖的人，下班回到家总是洗洗涮涮忙个不停，非要把地面擦得照出人影才罢休。

我觉得女朋友上了一天班，回到家还要忙个不停很辛苦，就主动到厨房帮忙洗碗、擦灶台。10分钟后，女朋友进厨房"检阅"，然后她一脸吃惊地对我说："这就是你洗的碗呀！"

看着灶台上摆放整齐的饭碗、盘子，我不解地说："我洗得很干净，怎么了？"

话还没说完，女朋友马上把我洗好的碗盘收进橱柜，嘴里念叨着："盘子和盘子要放在一起，大碗和小碗的摆放也要区分开。油烟机的边角要擦一遍，对了，案板使用过后要用清水冲一遍。你看看你现在做的，其实跟没做没什么区别！"

我彻底震惊了，自己认为的"做家务"与女朋友的理解，截然不同。

我认为的做家务，就是把锅碗瓢盆洗干净，摆放整齐。女朋友却认为，恢复整个厨房的整洁才是做家务。

可见，每个人对做家务这件事的理解有多么大的差别。

是啊，我和女朋友只是对做家务的理解有偏差，但我还是忍不住埋怨起来："我已经做了很多家务，可你却看不到，也理解不了我心疼你的这份苦心。"

当然，不仅仅在做家务这件事上，其他事情也会出现这样的理解偏差。

正在上大学的堂妹最近跟舍友闹了点儿别扭，原因是舍友总"讽刺"她。

堂妹长得不高，体重倒是惊人，亲戚朋友总是开玩笑地叫她"胖丫"。跟堂妹闹别扭的舍友，颜值高、身材棒，在人群里特别显眼。这个舍友哪儿都好，唯有一点——对自己的身材管理极其严苛，超过规定体重一点儿就觉得自己"风光不再"。

前段时间，舍友交了个男朋友，俩人经常约会。一约会，他们难免要吃点儿好吃的，没到半个月，舍友就重了 1 千克。

“天呐，我居然有 52 千克！不行，我要做运动，以后你们别叫我吃火锅了。”

堂妹宽慰她说：“哎呀，根本看不出来你胖了多少，没必要刻意减肥，胖点儿还健康呢。”

“你根本体会不到我的感受，虽然只重了 1 千克，但我明显感觉到自己胖了，而且变丑了。”

此后的两个星期，舍友回到寝室的第一件事就是称体重，看到数字没有变化，就忍不住碎碎念起来，如胖了就不美了、男朋友会不会因此不喜欢她了。

虽然舍友的这些话都是她自己的真实想法，但在堂妹听来却成为赤裸裸的讽刺。就在舍友对老天千恩万谢，说自己的腰围和体重恢复原样时，堂妹气急败坏地说：“你什么意思？大家好歹也是同学，你有必要天天对我冷嘲热讽吗？胖怎么了，碍着你了吗？还说什么‘要么瘦、要么死’，照你这意思，我这么胖就别活着了，直接从 10 楼的阳台跳下去得了呗！”

堂妹连珠炮似的发问，把舍友说得哑口无言。过了好一会儿，舍友才反应过来，本想跟堂妹解释清楚，但堂妹已经气呼呼地走了。

堂妹和舍友之间的矛盾，还真的令人啼笑皆非。造成这一结果的根本原因，在于她们对事物的理解偏差——对堂妹来说，胖得活像只水桶，那才是胖；对漂亮舍友来说，比原来的体重只重一点点，就已经是胖了。

不管是情侣、朋友，还是上下级之间发生矛盾，他们喋喋不休地争吵、指责，很多情况下是误解或理解偏差。

所以，当你对某人、某事感到不满时，不要强行从自身或对方身上找原因，而是试着告诉自己：“这只是因为大家的看法不同。多一分理解和忍让，你的生活才能变得更加轻松、愉悦。”

7.“尴尬”变幽默，一笑解千愁

生活离不开幽默，幽默又源于生活。

现实生活中，幽默起着至关重要的作用。工作中，上司可能因为你幽默风趣、机敏睿智而提拔或重用你；爱情中，你追求的异性可能因为你的妙语连珠、诙谐幽默而对你青睐有加；人际关系维系中，人们可能因为你的幽默口才而对你加倍称赞，从而树立起自己的威信。

总之，无论在什么场合，幽默都会给你带来一次次惊喜、一份份意想不到的收获。

生活中，做什么事都要讲一个“理”。“理”是人们司空见惯的，擅自改变事物的前后关系、因果关系、主次关系、大小关系，就会走歪道。

一个乞丐经常得到一位好心青年的施舍。一天，乞丐对青年说：“先生，我想向您请教一个问题。两年前，你每次都会给我 10 元钱，去年减成 5 元，如今却只给我 1 元，这是怎么回事？”

青年回答：“两年前我是个单身汉，去年结了婚，如今又添了孩子。为了养活一家人，我只好节省开支。”

乞丐严肃地说：“你怎能拿我的钱，来养活你的家人呢？”

乞丐喧宾夺主，对青年的责怪太过荒谬，让人们在吃惊之余哑然失笑。

曾经有个大四学生在公司实习，他叫李帅。小伙子十分腼腆，不善言语，常常还未开口就先紧张了。

记得当时李帅这样介绍自己：“大家好！我叫李帅，李是……李子的李！帅是……帅哥的帅！”虽然李帅因一时紧张找不到合适的词语才这么说的，但经他这么一说，现场的同事倒都友好地笑了起来。

其实，不管是主观故意还是无意，结果都令人轻松愉快、开怀一笑，这就是幽默的魅力。

有个朋友给我讲过这样一件事：一个女孩考汽车驾驶证，在交通警察的监考下正通过一段公路。突然，一只鸭子从路边蹿上来，交警急忙提醒：“鸭！鸭！鸭！”

“碾压？”女孩犹疑地看看交警，交警着急地指着车前的鸭子，喊道：“鸭！鸭！鸭！”女孩不再犹豫，一脚油门踩过去。事后，交警愤怒地问道：“你为什么要碾压死鸭子？”女孩委屈地说：“不是您让我压、压、压的吗？”看来，这只可怜的鸭子只能由交警去赔了。

生活中，每个人都难免遇到让自己尴尬的人，办出让自己尴尬的事，因此陷入狼狈的境地。此时，不妨用幽默来自我调节，幽默能让你令人难忘，并给人以友爱、宽容的形象，帮助你拥有乐观、豁达的胸襟，润滑现实中人与人的关系。

生活中的幽默随处可见，只要我们留意就会发现幽默就在身边。生活离不开幽默，幽默又源于生活。

我们每个人既是幽默的分享者，又是幽默的制造者。有时候，你可能会因自己的“口误”或“滑稽”而懊恼，没有关系，因为你的尴尬在别人眼中可能早就成为一种幽默，能博得别人会心一笑，毕竟一笑能解千愁。这就是生活。

8. 怎么说才能赢得赏识

溜须拍马并非幽默，千万不要想着通过这种方式踏上事业的巅峰，那样只会适得其反。

相信很多职场人士遇到过这种问题：虽然一直都在很卖力地工作，却得不到领导的赏识。

其实，获得领导赏识最直接的方法，就是主动拉近与领导的距离。当然，前提是你手头的工作做得近乎完美，这样领导才会觉得你是一个对公司有价值的员工。

只懂得埋头苦干，不一定能得到领导的赏识。美国人力资源管理专家科尔曼指出：“职员能否得到提升，很大程度上不在于是否努力，而在于领导对你的赏识程度。”

那要怎么做，才能得到领导的赏识呢？

如果你因为得不到领导的赏识而苦恼，或是想在公司里有一番作为，不妨从现在开始改变一下自己与领导的交流方式，将严肃转化为风趣，说不定会有出人意料的效果。

一个年轻人来到麦当劳应聘小时工，餐厅主管问他：“你会做什么？”年轻人说：“虽然我什么都不会做，但我的学习能力很强，最拿手的就是会唱歌。”

餐厅主管说：“那你唱首歌给我听听。”于是，年轻人开始唱起来：“更多选择，更多欢笑，就在麦当劳！”

餐厅主管一听忍不住笑了，随后又问了他一些有关对麦当劳的了解。最后，年轻人被顺利录用。

年轻人面试时借助幽默的力量，以唱歌的方式说出麦当劳的广告语，不但顺利博得餐厅主管一笑，还获得了对方的好感。

我们再来看一下这个职员与经理的对话。

职员：“经理，您真是一个热爱工作的人！”

“嗯？”经理感到有些疑惑，好端端的，职员怎么突然拍起自己的马屁了？

职员：“因为您一直都紧紧地盯着我们，看我们是否在认真工作。”

职员通过跟经理开玩笑，不经意间拉近了彼此的距离。而且，经理也是个幽默的人。

跟领导开玩笑必须把握好时机，才能跟领导面对面谈些风趣、俏皮话。比如，等电梯或是在卫生间碰见领导，此时来一句幽默的话：“领导亲自上卫生间啊，以后这样的小事吩咐我们来做就行了。”

阿飞颇为感叹地说："真想做个幽默的人！"话虽这么说，但阿飞的种种行为可跟幽默搭不上边——他跟别人说话时，总是做出一些夸张的表情与动作，以此吸引大家的注意力。

一次，几个朋友聚在一块吃饭，阿飞过来时，故意用浮夸的语气说："你们都不知道我刚才有多傻，居然走错了包间，在他们包间待了10多分钟才发现……"听他说完，大家脸上都带着意味深长的笑容，谁都不知道该说什么。

其实，阿飞的本意是好的，只是他理解错了幽默的定义。所谓幽默，不是单纯地搞笑，更不是通过不断贬低自我迎合他人。这样的行为不是幽默，而是滑稽。

工作太累时，很多职员会出现偷懒行为，此时如果被领导抓个现行，你该怎么应对呢?

一个建筑工人被安排搬运材料，但他每次只搬一点儿。工头实在看不过去了，只好开口批评道："你在做什么呀? 别人每次都搬那么多东西，你却搬这么少！"

工人："嗯，您说得对，假如他们要懒到不像我搬这么多回，我也拿他们没办法。"

工人的幽默狡辩逗笑了工头。原本他的偷懒行为肯定会被工头批评，甚至受到一些责罚，但他的幽默减少了工头的愤怒，这样一来，工头的批评也会比较随和，责罚也会轻一些。

幽默有时可以拉近与领导的距离，但生活中，任何事情都不是绝对的，跟领导距离的远近也是如此，距离太远或太近都不合适。

试想，如果一个人对分内工作不认真，只是每天围着领导转，说好话、空话，阿谀奉承；或是整天坐在那里等领导安排工作，就像提线木偶一般……这些行为都不可取，这样的下属很容易被领导疏远。所以，与领导接触、交流过程中，掌握一些幽默的技巧，不仅能保持与领导之间的合适距离，还能得到领导的赏识。

最后，特别提醒大家，溜须拍马并非幽默，千万不要想着通过这种方式踏上事业的巅峰，那样只会适得其反。

/第五章/ 圆场：

高明捧场，巧妙接话，会场好感瞬间暴发

1. 制造点儿压力，让对方和你站在同一阵营

2. 站在对方的立场思考，他才会接受你的建议

3. 朋友想干蠢事，我该怎么劝

4. 幽默的背后是尊重，不是滑稽

5. 这样说，能让你的亲子关系价值千万

6. 多样化的类比幽默

7. 一句话，让你愿意与大家分享

8. 让对方采取决定的关键性谈话

1. 制造点儿压力，让对方和你站在同一阵营

其实，说服对方，就是拉近你们心理距离的过程，
最有效的方法就是制造外部压力，让他与你同仇敌忾。

日常生活中，我们总会在某些事情上与他人意见相左。虽然每个人的看法都值得被尊重，但在一些特定场合，我们需要劝说对方转变看法，这时应该怎么做呢？

说服——换个说法，就是让对方从A阵营里走出来，和你站在同一阵营。其实，说服对方，就是拉近你们心理距离的过程，最有效的方法就是制造外部压力，让他与你同仇敌忾。

电视剧《男人帮》里有这样一个情节：

阿千和一个已婚男谈起恋爱，好友顾小白觉得她简直疯了。阿千却不以为意，甚至理直气壮地说："在感情里，不被爱的那个人才是第三者。"两个人唇枪舌剑，谁也不服谁。这时，罗书全过来

打圆场，对顾小白说："你别对阿千那么凶，女孩子嘛。"

顾小白很诧异罗书全竟然对此事无动于衷，于是说："嗯，你不火大是吧，那我换个思维，让你跟我同仇敌忾一下——嗯……你这么想吧，这天底下结了婚的男人都来跟我们抢单身女孩子，那么我们……尤其是你，以后……"

罗书全听完，立马和顾小白站在同一战营。

许多人劝说对方时，觉得让对方看到自己身上的压力就能达成目的。其实，这种认知是错误的。

外卖配送员给你打电话，说他现在特别忙，有好几份外卖需要送，想让你去附近的餐厅自行取餐。你会怎么想，是不是觉得不公平？"噢，我花了配送费，就因为你忙就要我自行取餐，这是什么道理？"

所以，制造压力时，要让对方觉得这种压力来自事情本身、来自外部。简单地说，就是把压力的源头从自己身上移到外部，塑造一个你们共同的敌人，这样才能让对方和你站在同一阵营。

《鹿鼎记》中，韦小宝奉命劝顺治皇帝离开修行之地，到别的地方避难。韦小宝好话说了一箩筐，顺治皇帝根本不当回事。没法子，韦小宝只好编了个幌子，告诉顺治皇帝有人要加害他们，要是再不走，恐怕就会遭其毒手。这么一说，顺治皇帝觉得很有道理，不由夸赞："幸亏得你点破，否则当真坏了大事。"

当你需要说服对方做某件事时，不要说"你该怎么样"，而是塑造客观的外部压力，说“我们应该怎么样”。

主管小唯每次想让设计部的同事赶工时，从来不说这是他的要求，而是说：“甲方那边又催啦，还说咱们要是再做不出完美的设计图，以后不合作了。要不，咱们今天都努努力，加个班，争取把它做出来？”

同事的心里就算再不乐意，也不会拒绝小唯的要求，并且不会将不满情绪嫁接到小唯身上，因为这些不合理的要求都是“甲方”提出来的。

这个说话技巧，你学会了吗？

2. 站在对方的立场思考，他才会接受你的建议

如果你想要别人怎么对待你，你就要先怎么对待别人。

现实生活中，我们常常遇到需要评定对错的事。

实际上，有些事情很难用对错来衡量，因为每个人看问题的角

度不同，对这件事的理解也会大相径庭。所以，很多时候，当你无法理解对方的想法时，不妨站在他的立场想一想，或许你就会豁然开朗。

前段时间，艾米和大圣大吵一架，甚至到了要离婚的地步。原因其实很简单，竟是大圣脱口而出的一句话——我完全没有发现家里有变化啊！

艾米和大圣结婚四年了，自从结婚那天起，艾米就立志做一个温婉贤淑的妻子。在她的努力下，他们的小家被打理得井井有条。

上周，艾米因公出差，几天后回到家里，看到没叠的被子、没扔的外卖餐盒，还有沙发上一堆没洗的衣服，忍不住尖叫起来：“天呐，你怎么把家里搞得这么乱？”说完，她就开启劳动模式，花了一个多小时才让家里恢复原样。

可大圣看了看四周，脱口而出一句：“别收拾了，你收拾这么半天，可是我完全没有发现家里有变化啊！”

艾米被气得说不出话来，拿上行李包跑回了娘家，说什么都要跟大圣离婚。大圣根本不知道自己哪里得罪了老婆，就跟身边的朋友吐槽：“至于吗？就因为我没做家务，艾米就要跟我离婚？”

大圣怎么都不理解艾米的行为，甚至觉得这次吵架是她精心设计的“离婚筹谋”。朋友听说这事之后，也觉得不可思议——夫妻俩过日子，哪有不磕磕绊绊的，怎能因为这么点儿小事就离婚呢？

大圣只好托艾米的闺密去找艾米说和。艾米叹了口气，对闺密说：“我不是因为大圣不做家务而生气的，而是因为他根本不在乎也不理解我的感受。结婚四年，我每天都在收拾房间，他竟然一直对我的付出熟视无睹。”

大圣这才知道，什么叫作祸从口出！

如果我们站在大圣的角度看待这个问题，都会觉得是艾米无理取闹。但当了解了艾米的感受，就会发现大圣的做法确实欠妥，难怪艾米要发脾气。

所以，社交关系中，只有站在对方的角度思考问题，才能从根本上解决社交矛盾。

举个真实的例子。

朋友恬恬做汽车配件销售工作，手上掌握的渠道特别多。一次，恬恬给一家机床厂厂长介绍客户，想从厂长手里拿到一部分提成。没想到，这个厂长在恬恬那里得知客户的联系方式后，竟然直接找到客户谈业务，没有打算给恬恬提成。

恬恬知道了这件事后，就对厂长说：“您直接去找客户谈业务，我有点儿震惊，因为您破坏了行规。不过，这事我可以理解，换作我的话也会这么做，毕竟谁都想多获得一些利润。”

紧接着，她话锋一转，给厂长算了一笔账：“您这次绕过我直接找客户签约，的确能获得更多的利润。但您这么做，就等于放弃了我手上的所有资源。我掌握的客户不止一个，如果以后不再给您介绍客户，您的损失岂不是更多？”

厂长觉得恬恬的话有道理，马上给了她应有的提成，并承诺以后不会再绕过恬恬直接跟客户对接。

西方有句俗语："如果你想要别人怎么对待你，你就要先怎么对待别人。"我想，大多数人有这样的体会：假如一个人上来就质疑、反驳你，你的第一反应一定是跟他据理力争。

这是一种心理机制。不管出于什么原因，当有人反驳你时，你从心里很难接受他的意见，觉得他根本不了解你，甚至更加肯定自己的想法。因此，需要对方接受你的建议时，首先要站在对方的立场，试着理解对方的心情。只有这么做，你的建议才更容易被对方采纳。

3. 朋友想干蠢事，我该怎么劝

当朋友想干蠢事时，一味地阻拦不是上策，帮助对方疏导情绪、分析做蠢事的后果，才是最好的劝说方式。

有句话说得很有意思："人活一辈子，谁没干过几件蠢事？"现在，你的朋友正准备干一件蠢事，并问你支不支持他的决定，你会怎么办？

支持他，眼睁睁地看着朋友往火坑里跳；不支持他，朋友会不会不高兴，觉得你不够仗义？这个时候，身为朋友，你要劝阻他，不过要用一些小技巧。

通常，我们都是在冲动、不理智、气昏头的情况下才会做出愚蠢的决定，很少有人深思熟虑后还坚定不移地犯浑。

跟别人吵架时，很多人都说过气话，如“我要打死你”，但谁真的动手了呢？所以，很多人气头上说的话都是在宣泄情绪，不是认真思考后才做出的决定。这时，我们一定要劝说对方放弃愚蠢的想法。

虽然大多数人明白这个道理，但在实际操作中往往很难说服对方，甚至有的人还会被对方绕进去——自己明明一开始不支持，结果最后竟然同仇敌忾起来。

大家一般是怎么劝朋友的，是不是先问原因？这是人类的思维惯性，觉得要做某事一定有理由，我问问原因，你不就冷静下来了吗？但是，气头上的人，说的理由有价值吗？

小川要去前任婚礼上捣乱，你问他为什么？小川能说出无数理由，如：只要她过得不好，自己就开心了……这些理由毫无价值，非但不能让他冷静下来，还会让你们的沟通进入死胡同。

问完原因，是不是该劝劝朋友了？“你和前任已经是过去式了，还念念不忘干什么呀？算了，咱们大度一点儿，别给人家添堵了。”

此时，小川会怎么想？“什么叫大度一点儿，什么叫别给人家添堵？敢情你说我小心眼呢！”

你肯定没有坏心眼，可对方非要往坏处想，你能怎么办？

当你什么办法都用尽了，朋友还非要做蠢事，你只好拼命阻拦。你越是阻拦，越可能激起对方的逆反心理：越不让我去，我偏要去。结果是劝说无用，眼睁睁地看着他跳进火坑。

所以，当朋友想干蠢事时，你要变换思路，另辟蹊径，用疏导式沟通的技巧劝阻他。

所谓疏导式沟通，就是沟通过程中帮助对方疏导坏情绪。具体应该如何实施呢？当朋友准备干蠢事的时候，你首先要做的不是追问原因，而是询问他为什么会做出这个决定。

小川要去前任的婚礼上捣乱，你可以问：“你和前任不是早就没有联系了，怎么想去参加她的婚礼？”

这时候，小川会跟你具体说说到底是怎么回事。这个倾诉过程就是在疏导对方的坏情绪，最后，小川发现他的行为动机说白了就是置气。既然小川做蠢事是因为置气，接下来只要帮助他出了这口气就万事大吉。

值得注意的是，我们帮朋友出气的目的是发泄情绪，不是火上加油。所以，可以先听听朋友的看法，然后站在他 / 她那边一起数落对方的不是，如：“她怎能这样对你，太过分了！”“他简直就是人渣！”等朋友宣泄完情绪，头脑自然冷静下来，这时就不会干蠢事了。

所以，当朋友想干蠢事时，一味地阻拦不是上策，帮助对方疏导情绪、分析做蠢事的后果，才是最好的劝说方式。

可能你会说：我已经用上面的方法劝过朋友了，可他还是坚持做蠢事，怎么办？

人都是独立的个体，拥有做决定的权利，也有承担责任的义务。如果朋友依旧坚持做蠢事，也只能任由他去，万万不可头脑一热，就“兄弟上刀山，我陪你上刀山；兄弟下火海，我陪你下火海”。这里，我教你的是如何好好说话，不是当个好好先生。

4. 幽默的背后是尊重，不是滑稽

幽默与滑稽之间，隔着一道名为“尊重”的鸿沟。
懂幽默，尊重的不只是对方，还有自己。假如一个人失
去了最起码的尊重，不管他说什么都会变味。

昨天，小郎跟我抱怨，说他女朋友特别难哄。我问他，怎么个

难哄法？于是，小郎就给我描述了男女朋友交往的经典场景。

女朋友："哎呀，你别玩游戏了，陪我一会儿呀。"

小郎目不转睛地看着电脑，说："玩完这把，我就不玩了。"

女朋友："到底是游戏重要，还是我重要？"

小郎："当然是你。哎呀，你别吵我了，快要输了。"

女朋友："哼，男人都是大猪蹄子，我看你更在乎游戏吧！"

小郎无语。女朋友冷冷地说："我就知道，你根本不在乎我！"

小郎："你能不能别无理取闹，我玩把游戏都不行吗？"

女朋友："行啊，我看咱俩也别谈恋爱了，我们分手吧，你就跟游戏过日子吧。"说完，她带着哭腔跑到客厅。

直到这时，小郎才意识到女朋友真的生气了，但他左思右想也想不通，女朋友到底为什么生气。看女朋友哭得梨花带雨的，小郎心里不是滋味，只好追到客厅哄她。

按照常理说，这种情况下，男朋友都会道歉说："哎呀，我错了，老婆大人大量就原谅我吧，再不行，给你买个包包吧。"这总能化解女朋友的"心头之恨"。但小郎没这么做，他说："宝贝，别哭了，我给你讲个笑话吧！一天，小明……"话还没说完，女朋友就把靠枕扔到他的脸上，说什么也不肯再跟他多说一句话。

听完小郎的抱怨，我也有点儿发蒙，就问他怎能在那种情况下讲笑话呢？结果，小郎一脸认真地说："有什么不妥吗？讲个笑话缓和一下气氛啊！"

听小郎这么说，我都快笑岔气了，难怪女朋友不肯原谅他。

虽说幽默可以缓和气氛，但那是在顺其自然的前提下进行的。强行幽默就像吃一碗夹生饭，咽不下去，吐不出来。如果你为了幽默而幽默，非但无法达到预期效果，还会让对方觉得无趣、别扭。

其实，同一句话在不同场合、由不同对象说出来，幽默程度完全不一样。就拿小郎的例子来说，如果女朋友没有生气，他随口讲个笑话当然有趣，但女朋友已经闹到要分手，小郎还要给她讲笑话，这不就是虎吗?

萌萌是我上中学时的校花，她从头到脚都透着一股高冷清洁的气质，特别有魅力。

前段时间，我们在一次聚会上碰到了。不知道萌萌经历了什么，当初她身上那种遗世独立的风韵没有了，整个饭局下来，一直听到她不停地讲段子。我从其他人的脸上，读出他们和我一样的心情：尴尬。

我推测萌萌可能是想让更多的人喜欢她，才会给大家讲笑话。但是，她曲解了幽默的本质。

著名哲学家苏格拉底是个幽默大师，不过，他的妻子脾气不太好，经常冲他发火。一次，妻子气急败坏地数落苏格拉底，吵了几句，仍觉得不过瘾，就把一盆水泼在苏格拉底的脸上。

当时，苏格拉底家里还有客人，大家目睹了这一幕都觉得十分尴尬，一时不知道说什么好，但苏格拉底却笑笑说："我就知道，打雷之后总要下雨的。"

这就是幽默。如果一个人向朋友转述："昨天我跟老婆吵架，她一气之下泼了我一脸水。当然，我也没客气，立马端水泼回去！哈哈哈，看到她狼狈的样子，别提多过瘾了。”这就是滑稽。

幽默与滑稽之间，隔着一道名为“尊重”的鸿沟。懂幽默，尊重的不只是对方，还有自己。假如一个人失去了最起码的尊重，不管他说什么都会变味。

英国著名文学家萧伯纳就是一个有趣的人，他身材瘦弱，好像一阵风就能刮倒。一天，一个大腹便便的富商碰见萧伯纳，嘲笑他说：“我原来以为这个世界没有穷人，但看到你，我才知道，原来英国的某些角落确实还存在饥荒！”

换作别人，听到这样的话可能会生气，但萧伯纳却幽默地维护了自己的尊严：“是啊，我见到您之后，才明白为什么有些地方会存在饥荒。”

每个人都希望自己受欢迎，成为有趣的人。有的人天生富有幽默感，有的人可能就匮乏幽默细胞。不过，幽默可以后天培养，只要你掌握了一定的方法，并加以练习和实践，长此以往，就能获得幽默感。

在发挥幽默感的同时，你一定要记住：尊重是支撑幽默感的基础。当然，尊重既是对别人，也是对自己。

5. 这样说，能让你的亲子关系价值千万

一个人成年以后，他的所有行为和决定都不是父母可以随便影响的。但这种“被绑架”的权利，都是我们赋予对方的。

《欢乐颂》热播时，樊胜美的故事引发大众热议，甚至有人在知乎上提出这样的问题：如果你是樊胜美，会怎么处理与家长的关系?

樊胜美有一份体面的工作，拿着丰厚的薪水。按常理说，她的生活品质应该不差，但由于她不会处理与父母的关系，一次次被家人用亲情要挟，成为一个“负资产”、无人敢娶的可怜女孩。

樊胜美的遭遇，也引起很多网友的心理共鸣：面对亲情绑架，我该怎么说服父母?

去年，表哥想和女朋友小楠结婚，但姑妈坚决反对。原因很简

单，小楠的家庭条件不好，姑妈觉得门不当、户不对，脸上无光。

表哥很爱小楠，坚持要和她结婚。结果姑妈摆出一副“誓死不让小楠过门”的态度，说要是表哥执意娶她，就别再回家了。现在，表哥进退两难，一边是自己的至亲，一边是心爱的女孩，他不知道该如何说服妈妈接纳小楠。

日常生活中，我们常常遇到跟父母意见相左的时候，如反对填报的大学志愿、不认可的就业方向、不同意跟现任在一起……

通常，大家遇到这类问题时，会以弱势的姿态恳请父母答应自己的要求。这是因为，我们常会陷入一个思维误区，认为父母是强势的一方，我们是弱势的一方，当父母以亲情绑架时会变得进退两难。

大多数父母喜欢干涉子女的生活，姑妈就是这样。小时候，姑妈总是用一些物质条件要求表哥，比如，考试成绩排在班级前五名，就给他买轮滑鞋；要是再不按时写完作业，就把他的课外书都收起来。

在表哥没有经济来源和生存能力时，他不得不听从父母的安排，上那些他不喜欢但姑妈认为有用的课外培训班，只跟学习好的同学交朋友。

等到表哥参加工作，有了独立生存能力的时候，父母就不再具备要求他的硬性条件，姑妈总不能说：“你要是不跟小楠分手，我就不给你生活费了。”毕竟，即使姑妈一分钱不给表哥，他也能生活下去。

所以，姑妈已经没有任何可以威胁、要求表哥的能力。当想再干涉表哥的决定时，她只能搬出“亲情”这张王牌，用“你不跟她分手，我就跟你断绝母子关系”的极端手段达到目的。

从理性视角出发，当你拥有了独立生存的能力，不再依赖父母提供的物质条件生存后，就已经不再是弱势的一方，父母也没有权利再要挟你。如果你感到被父母要挟，只能说，是你给了他们要挟你的权利。

可能你会说：父母坚决反对，甚至要跟我断绝亲情关系，我没有办法做到完全不顾及他们的感受。

其实，很多人忽略了另一问题，那就是父母是否真的能跟你断绝亲情关系。

当时，表哥希望父母能祝福他的婚姻，仅从这个层面出发，他的确处于弱势。但要明白，与父母相处时，我们不可能永远处于弱势。也就是说，表哥不想让父母讨厌他，反过来，父母也不希望表哥真的讨厌他们。

所以，说服父母时，我们不能以恳求的姿态解决问题，而要心平气和地坐下来沟通。

姑妈反对表哥的婚事，当时表哥是这么说的：“我爱小楠，所以必须娶她。我不在乎门第之说，更不在乎别人的看法。”

姑妈还是不同意：“你不在乎，我在乎。”

这种讨论毫无意义，还是陷入死循环。如果表哥换一种说法：“小楠是我遇到的最好的女孩，如果不能和她在一起，我将来一定会非常痛苦。你们忍心看我娶一个不爱的女孩，每天过得不开心吗？说不准，我以后还会因此埋怨你们……”

这么说，可以让父母明白：他们坚持这么做，会让子女很伤心，甚至会因此疏远他们。更重要的，这样表达出来的意思，是表哥希望得到父母的支持，父母也不想失去孩子对他们的爱。当父母觉得逼迫表哥和女朋友分手是一件以珠弹雀的事时，他们就不会再干预了。

由于从小就听从父母的安排，我们潜意识里认为，自己和父母的关系是不平等的。所以，即便父母没有要求我们的权利时，也会迫于亲情绑架的威胁。这种情况下，我们要做的不是跟父母针尖对麦芒，而是权利对等地沟通。

一个人成年以后，他的所有行为和决定都不是父母可以随便影响的。但这种“被绑架”的权利，都是父母赋予子女的。

6. 多样化的类比幽默

语言艺术表现形式并非单一的，常常是几种幽默形式交叉使用。

类比幽默法是指把两种或两种以上互不相干，甚至是完全相反的事物放在一起对照比较，以揭示其差异，即不协调因素。

类比幽默法中，对比双方差异越明显，对比时机、媒介选择越恰当，造成的不协调程度越强烈，对方对彼此差异性的领会就会越深刻，形成的幽默意境越耐人寻味。

有个吝啬的老板叫仆人去买酒，但并未给他钱。仆人问："先生，没钱怎么买酒？"

老板说："用钱去买酒，这谁不能做到？不花钱就能买到酒，这才是有能耐的人。"

没过多久，仆人提着空瓶回来。老板非常恼火，责问道："瓶子是空的，你让我喝什么？”

仆人不慌不忙地回答：“从有酒的瓶子里喝到酒，这是谁都能办到的，只有从空瓶里喝到酒才是真正有能耐的人。”

不花钱买酒和空瓶里喝酒，同类一比，轻而易举地表现出针锋相对的矛盾，谐趣顿生。这个老板搬石头砸自己的脚，自然无话可说。

这不仅表现出类比的幽默手法，而且以其人之道还治其人之身。可见，语言艺术表现形式并非单一的，常常是几种幽默形式交叉使用。

推理幽默法是指借助片面、偶然的因素，构成歪曲的推理，目的是利用对方不稳定的前提或由自己假定的前提引申出某种似是而非的结论与判断。它并非常理逻辑上的必然结果，而是带有偶然性与意外性的结果。

一次，阿凡提来到清真寺，他走上讲台对大家说：“我要跟你们讲什么，你们可知道？”

“阿凡提，我们不知道。”众人纷纷表示。

“面对不知道我要讲什么的人，还有什么话可说的呢？”阿凡提说完，就走下讲台离开了。

后来，阿凡提又被请到清真寺。他再次站到讲台上问：“大家好，知道我想跟你们说什么吗？”这次，大家都学乖了，立刻齐声回答：“知道！”

“既然你们都知道我要讲什么了，我还有什么可说的呢？”阿凡提说完，又离开了。

当阿凡提第三次登上讲台，又一次将前两次的问题重复一遍。

那些自作聪明的人一半高喊：“不知道！”另一半人高喊：“知道！”他们以为这次能难住阿凡提，哪知道，阿凡提笑着说：“既然如此，就让知道的那一半人讲给不知道的那一半人好了！”话毕，他扬长而去。

阿凡提的过人之处就在于，他可以利用“知道”和“不知道”这两个不具体而虚幻的概念，推理出与大家希望完全相反的结果，用不变应万变——无论对方如何变化，他的理由也跟着变化，行为却固定不变。

这就是推理幽默法，它能帮助人们在社交中超凡脱俗，潇洒自如。

甘罗的爷爷是秦朝宰相。一次，甘罗看到爷爷在后花园里走来走去，唉声叹气。

他感到奇怪，上前问道：“爷爷，您碰到什么难事了？”

“唉，孩子，大王不知听了谁的挑唆，非让满朝文武找一只会打鸣的母鸡，3 天内如果找不到，所有人都要接受惩罚。”

“秦王太不讲理了。”甘罗生气地说道，眼珠一转就想了个主意，“爷爷，您别着急，我自有办法，明天让我替您上朝吧。”

第二天早晨，甘罗真的替爷爷上朝了。他神情自若地走进宫殿，向秦王施礼。秦王十分不悦，说：“你一个小娃娃来这里捣什么乱，你爷爷呢？”

甘罗不慌不忙地说道：“大王，我爷爷今天不能来上朝了，他正在家生孩子，只好让我替他来上朝。”

秦王听后哈哈大笑：“你这孩子简直是胡言乱语，男人怎能生孩子呢？”

秦王要求找到会打鸣的母鸡算是十分荒谬的事，但按当时的情境，从理性上很难说服秦王，所以甘罗以谬对谬，把两个荒谬并列一起来揭示秦王的要求不合理，幽默感油然而生。

类比幽默法十分简便，在现代人的社交活动中，也经常用来自我调侃或朋友间戏谑。不过，这需要智慧与超脱的精神，否则难以发挥出来。

7. 一句话，让你愿意与大家分享

当你想让对方分享一些信息时，不妨先透露出你们的共同点，打消对方的心理顾虑。

麦芽糖在朋友圈发了张自拍照，脑袋大面积地裹着绷带，两只眼睛肿得像核桃，配文是："从丑小鸭变成白天鹅，好期待！"

很明显，麦芽糖做了整形手术。接下来的一个月，她每天都会发一张自拍照，记录自己一点点变美的样子。不过，她能够这么勇敢地"直播"整容经历，让我觉得很意外。

我和麦芽糖是高中同学。当其他人还是懵懂无知的小屁孩时，麦芽糖已经知道漂亮女孩是需要装点的——她会用大量的金纺洗校服，偷偷擦草莓色的唇膏，梳当时流行的丸子头。

每当大家说起："哎呀，麦芽糖，你的衣服好香呀！""你的嘴唇真红润！"麦芽糖会狡黠一笑，得意地说："不是衣服香，是我啦。""对呀，这是遗传我老妈的！有个词怎么说来着？噢，对，唇红齿白。”总之，她把一切刻意的美丽都归咎于三个字：纯天然。

于是，我发私信问麦芽糖，你为何愿意与人分享整容经历。她神秘兮兮地说：“你下载一个 App 就会知道。”

按照麦芽糖的提示，我下载并使用了一段时间，就找到了答案。这是一个关于整形的 App，用户可以在上面了解整容、预约整容。

说到整容，我们发现绝大多数做过美容整形的人，不太愿意跟别人说：“我整容了！”“我的双眼皮是拉的！”谁都不想承认自己的美丽有“人工感”。比如，网友质疑某某明星整容，哪怕这位明星的容貌产生了肉眼可见的变化，她也会坚定不移地说：没整容，纯天然！

这是人们普遍的心理活动，所以当我了解到这款 App 时，觉得很震惊。当然，不只是我，很多互联网公司当时都不看好这款 App，因为它触碰了消费者的雷区——隐秘性。大家恨不得中午吃饭的工夫就能把自己变漂亮，还不被人发现，它却这么大张旗鼓地把美容整形搬到互联网上，怎能吸引到消费者呢？

但是，很快我就被打脸了，这款 App 已经成为人气最高的医美平台。这款 App 是怎么做到让不愿分享的人去分享呢？很简单，他们就用了一招——创造“同类性质认同感”。

创建 App 之前，这家公司做过市场调研，发现人们做美容或整形时，尤其是第一次做的人对美容整容都有很大的焦虑。人们普遍幻想着，自己做完手术就能立马从丑小鸭变成白天鹅——事实上，刚做完手术的样子特别丑，别说白天鹅了，可能连丑小鸭还不如。所以，面对这样的精神压力，很多人对美容整形产生了抵触情绪和畏惧心理。

那么，这款 App 是如何消除人们这种情绪的呢？他们让所有做过同一面部位置的人，将自己的整容经历以日记的形式记录下来：第一天，我是什么样子；第二天，我是什么样子……第十天，我又是什么样子。

一开始，大家记录“整容日记”是给自己看的，慢慢地，有人开始公开上传。大家看到做完手术后你这么“丑”、我也这么“丑”，两个人就产生了心理共鸣和共同话题，不再避讳自己做美容整形的经历。

同类性质认同感，不但可运用到产品营销上，在人际关系中也同样适用。当你想让对方分享一些想了解的信息，不妨先透露你们的共同点，打消对方的心理顾虑。

郭颖刚到一家新单位入职，想了解顶头上司是个什么样的人，跟同事聊天时可以抛砖引玉：“我之前领导的脾气特别好，从来没见她跟谁红过脸。可惜啊……”

“怎么可惜了？”

“就是她脾气太好了，后来愣是被主管挤对走了。”

“那是她性格太软弱，要是你说的那个主管在咱们头儿手底下干，他还能挤对头儿吗？”

“这话怎么说？”

“你不知道，咱们头儿是个雷厉风行的人，眼里容不得半点儿沙子……”

你想了解的信息已经获得，现在，你学会了吗？

8. 让对方采取决定的关键性谈话

我们应该利用双眼观看对方说话的神情、态度，加上双耳的聆听，最后再回话。

古希腊哲学家芝诺说：“神赐给了我们双眼、双耳及一片舌头。”意思是说，我们应该利用双眼观看对方说话的神情、态度，加上双耳的聆听，最后再回话。

综合起来，就是我们所说的说服和交涉。也许有人会说，当对方说服或交涉时，我们如果不花两倍的心思观察、聆听，很可能会让对方达到目的。但是，如果自己拥有坚定的信念，对方的三寸不烂之舌对我们来讲也没有用。

为什么要花上两倍的心思观察对方？因为人具有真实与不真实的两面，往往先从不真实的那面开始与别人交往，等到遇上困难才表现出真正的另一面。所以，如果想要了解对方，必须认真观察。

假如观察许久还不清楚对方是否真实，提出一两个问题即可。比如：“A 先生，刚才您说的是不是也包含这种意思？”或是：“B 先生，刚才您说的，我把它定义成这样，可以吗？”待对方回答后，再说出自己的意见，不但彼此能确定是不是完全清楚，对于接下来的说服或是交涉都有可能随着自己的意思进行。

尽量让对方说出心中的不满，是非常重要的。这可从他们的意见中抓住重点，不但容易让对方认同，更能达成自己的心愿。

对于具体的实施办法，首先要让对方了解做了此事或决定后，对大家很有帮助。如果一开始没有强调有益处或帮助，往往无法得到对方的回应。

餐厅门口经常摆设着推荐菜品的招牌，菜品前写着“原价 98 元，今天特价 38 元”的价目，作用是让客人感到“便宜又好吃，量也不少”。如此一来，客人自然必点这些推荐的特价菜。这种做法，就是先将结果呈现给对方的例子。

对于月收入 5000 元左右的上班族来说，要购买一辆市价 5 万元的自用小客车，因无法一次付现，于是销售员提出：“A 先生，我们店里现在对分期付款有优惠，定金加头期款只需 1 万元，月付大约 2000 元，两年内即可付清，而且明天就可以交车。”

A 先生马上欣喜若狂：“这样的话，我既可以马上开上车，付款又轻松，应该不成问题。”所以，站在对方的立场，让对方知道什么样的行动对他最有帮助，好让对方立刻采取行动。

说服对方时，如果没有热忱也是没有效果的。满腔的热忱加上诚恳的态度，对方必会认为：“没想到你对公司的产品如此有信心。”然而，若你只是蜻蜓点水般地说：“试看看，不错哦！”对方会以为这个产品与其他的品牌大同小异，于是说声“我考虑一下”就转到其他产品上去。

数年前，F化妆品公司在深圳成立分公司时，职员寥寥无几。虽然F公司在海外非常有名气，但因刚刚引进内地，一切还属于筹备宣传阶段。当时，分公司的董事长决定自己带领所有销售职员，向各地美容院和美容沙龙推销。

刚开始，他们走到哪里都被对方拒绝，但是董事长并不气馁，还是坚持每周至少到被拒绝的店里推销一次：“相信我们，这是本公司目前为止最让人有信心的产品。”虽然得到的都是这样的回应：“你来几次都是一样，不接受就是不接受！”但是他毫不灰心，一次次丝毫不因挫折而退缩。最后，一些店主因不堪其扰，无奈地回答：“好吧，我试试看。”没想到，F公司的产品逐渐受到了大家的肯定。

再看另外一个案例。A先生因为犯了不可原谅的疏忽，导致客户蒙受了巨大的损失，所以，客户决定不再跟A先生有任何生意上的往来。但是，A先生每天毫不懈怠地前往对方的公司道歉，试图挽回生意往来。

“请您原谅我的过错，拜托贵公司与我们公司继续合作。”

“不要做梦了，绝对不可能！”

“还是拜托您，如果今天得不到您的同意，我是不会回去的。况且我已理了光头，希望您会了解我‘重生’的决心。”A先生脱下帽子，果然是个大光头。

对方震惊了一下，态度也缓和了许多：“你的心意，我明白，但目前我们已经委托了其他公司，所以暂时无能为力。”

“拜托您了！”

“对不起，你死了这条心吧！”

对方离开办公室，A先生依旧待在原地动也不动。接近下班时，对方回到办公室看见A先生的举动，不禁心软了，告诉A先生：“好吧！要我们把委托其他公司的合作项目全部交到你们手上是不可能的，不过先将一半项目交给你们公司负责，那家公司应该会同意的。这样，你满意了吧？”

“太感谢了，我会比以前更加努力，不会辜负您的厚望。”

A先生以热忱打动了对方，对方也因A先生这般釜底抽薪的举动才相信他不会重蹈覆辙，而安心地再与他继续合作。

那些让顾客采取决定的谈话，可能是用结果打动了对方，也可能是用坚持打动了对方，还有的是用热忱打动了对方。无论是哪种方式，都是认真倾听、思考、付出真心的结果。

因此，不要总是站在自己的立场跟客户谈生意，更多的时候，站在客户的立场谈生意才能事半功倍。

/第六章/　逗场：讲话有趣，话有引力，有你在场一团和气

1. 同理心：每个人都要懂得的高级话术
2. 职场利器：把你的弱点当作铠甲
3. 领导有拖延症，你要这么催
4. 老板提出的要求不合理，我该怎么拒绝
5. 说服力：别用“我觉得”，要用“你觉得”
6. “你行你上”，我不行，但有话要说
7. 警惕：别把嘴欠当幽默
8. 情商高，就是让找碴儿变成佩服

1. 同理心：每个人都要懂得的高级话术

所谓同理心，是指你需要从对方的角度或立场思考问题，体会对方的情绪和想法，理解对方的立场和感受。

上个月，有个同事的妹妹向我诉说了她的烦恼。她在一家保险公司做电话销售员，上班一个月，一个客户都没签下来。再这样下去，不用等公司辞退，她自己都没脸面继续留在那了。

我问她："你给客户打电话推销保险时，是怎么说的呢？"她说，就是销售员的常规说法："您好，我是××保险公司的，请问您最近考虑购买××保险吗？"

日常生活中，我经常接到类似的推销电话，跟大多数人一样，我的第一反应就是烦躁，不等销售员介绍完就挂断电话。不过，有一个电话让我耐心地听了下去，那名销售员是这样说的："您好，

我是 ×× 公司的销售员。我猜，您肯定接到过类似的推销电话，也知道一般人都觉得推销电话很烦，不过……”

相比其他销售员一上来就推荐某某产品，我觉得这名销售员说的话顺耳多了。这种开场白容易让人觉得对方和自己站在同一立场，那句“您肯定接到过类似的推销电话”也激起了我的猎奇心，想知道他后面会说些什么，有什么不一样……

当然，这种沟通方式不仅适用于销售员，加以变化也适用于日常沟通。如果想让对方接受你的观点，就要让他觉得你们并不敌对，而是站在同一立场。心理学上，将人们的这一心理活动定义为：同理心。

所谓同理心，是指你需要从对方的角度或立场思考问题，体会对方的情绪和想法，理解对方的立场和感受。这样，对方才能把你当成自己人，降低对你的戒备心，提高认同感。

杨奇是一家汽车 4S 店的销售员，而汽车产品同时具备商品和用户体验两个属性。

从商品的角度来说，顾客会觉得杨奇奋力推荐某辆汽车，是想忽悠他购买，好拿到提成。所以，在顾客眼中，杨奇是不值得信任的。

从用户体验的角度来说，顾客则会觉得杨奇在为他着想，帮他选择综合性能最好的汽车。两者相较，换作是你，你更青睐哪一种？

小马在一家装饰装修公司做主管，干得不是特别顺心——因为老板特别抠门，他在意的永远是预算，而不是质量。

公司近期要参加一家会所的装修招标会，小马经多方打听消息，最后向老板汇报工作时直接说：“估计 ×× 公司的报价高，但也符合市场行情，况且他家的装修质量真的没得挑。针对这种情况，咱们公司应该……”

小马这番话不仅没能及时打消老板的顾虑，还让老板觉得小马站在他的对立面，进而否定他的提议。就算小马说得都对，老板也会说：“超出的预算怎么办？”小马就白费口舌了。

如果小马对老板说：“我猜，您一直犹豫要不要跟 ×× 公司合作，是担心预算的问题吧？您先别急，等下我详细地给您介绍这家公司的策划方案……”

这样说，就能拉近小马和老板的心理距离，让老板了解到小马站在他这一边，自然对小马亲厚相对，从心底认可小马的建议。

2. 职场利器：把你的弱点当作铠甲

有弱点不一定是件坏事，有时反而会成为你的铠甲。

这个世界上没有人是绝对完美的，但很多人在努力让自己变得完美——工作上遇到问题，宁可彻夜在百度上查资料，也不愿意请教同事或领导，以免让人觉得自己无知；当意见跟别人不同时，因为害怕别人觉得自己抬杠，从来不加以剖白、解释。你看，这些人即使知道掩饰自己的弱点很累，还是没有勇气做真实的自己。

人们意识到自己的弱点时，第一反应往往是遮掩，觉得只有展现出自己优秀的一面，才能结交到新朋友、获得领导的重视。然而，他们却没有发现掩盖自己的弱点存在更大的风险。

风险一：遮掩弱点或缺点，意味着你将花时间、精力维护塑造出的形象。一旦别人发现了你的弱点，你的心理压力会增强数倍。

风险二：当你向他人展现出“完美”的形象时，往往更容易激发他人的好奇心，大家越想知道你的不足。这是因为，大家总是对完美的事物存在争议。

诚如小说《冰与火之歌》中所言："把你的弱点当作你的铠甲。"所以，无论任何时候，你要学会自我沟通，接纳自己的弱点。

一到毕业季，公司就会吸纳一批应届生。雷声大是某 211 高校毕业的，平时经常吹嘘自己的名校经历，暗示自己在文学方面有着非比常人的素养和天赋。小雨点的履历没有雷声大那么精彩，她毕业于普通院校，掌握的也是学校老师教的知识。

一开始，大家都觉得雷声大是个全才，值得被重用，但相处久了，才发现小雨点更值得被委以重任。同样是询问他们俩会不会使用 AI 软件，小雨点坦白地说不会，表示自己可以学；雷声大却说，自己对这方面很精通，但接到工作任务后又总是完不成。

小雨点在工作上出了错，主管不会责怪她，因为主管知道她没有经验；雷声大的工作出了错，主管就会批评他，谁让他之前撒谎了呢?

其实，有弱点、缺点并不丢人，真正丢人的是你明明不完美，却要将自己伪装成完美的样子。

大多数人误以为，人们都喜欢跟优秀的人交朋友，其实不然。无论是在日常生活还是职场中，如果想与身边的人建立信任，你可以适当地暴露自己的弱点。

新同事小羽刚来公司一个多月，就跟办公室的人打成一片，因为平时聊天时，她常常会说一些自己的糗事。比如：“今天早上起晚了，匆匆忙忙地下楼，结果把毛衣穿反了。”

大家不仅喜欢小羽，就连领导都觉得她是个有趣的人。所以，适当地透露一些自己的弱点，可以拉近人与人的心理距离。

讲个真实的故事。公司老板有个朋友W，在自媒体刚刚兴起时就抓住了商机，他几乎是一夜暴富。但这些年来，他经历了五次大起大落：最富有的时候，听说身价过亿；最惨的时候，他打电话给老板，开门见山地说：“晚上找你吃个饭，我现在连请客吃饭的钱都没有了。”

都说从俭入奢易、从奢变俭难，要是一般人从天堂掉进地狱，估计早就意志消沉了。但是W没有，他很擅长自嘲、消化情绪，也不害怕别人的冷嘲热讽。

一次创业者大会上，W讲述了自己的失败经历。整个演讲过程中，他没有任何抱怨，甚至跟大家一起分析自己的弱势、失败原因。那天，碰巧有个知名企业家也在会议现场，他觉得W能忍常人不能忍，后来给W投资了大量资金，助W东山再起。

有弱点不一定是件坏事，有时反而会成为你的铠甲。

所以，在职场上，如果领导问你是否擅长某项技能，你可以说：“我对这方面确实不太了解，还望您多多指教。”这样说，一方面展现了你的真诚；另一方面，承认对方的优点，会让他觉得很开心，更愿意与你亲近。

3. 领导有拖延症，你要这么催

想让领导不拖延，最佳的解决办法就是消除他的焦虑情绪。

日常生活中，很多人有拖延症。有的人觉得拖延症就是做事拖拉，其实这个解释并不准确。从心理学的角度看，拖延症的本质，是人们为了消除恐惧或焦虑做出的一种逃避行为。

说起爱拖延的人，不少人被他们气得牙根子痒痒。尤其是在职场这种离不开团队配合的场合，要是某同事有拖延症，尚且有截止日期和领导压力之下的催促；要是领导有拖延症，你跑过去催问他，他却跟你说："我最近事情多，你提的方案，我过两天再看。"这时，你该怎么办呢？

阿朱的顶头上司辛祥就有拖延症。自从阿朱被安排在他手底下工作，辛祥就没有给过她一句痛快话——不是今天拖明天，就是明天拖后天。等到辛祥自己着急时，不管阿朱是在休息还是上班时间，一个电话打过来，她就得加班加点地赶紧处理。

这种事发生一两次，常人还能接受，要是次数多了，换谁也受不了。于是，阿朱迎来如何催促上司的难题。

跟领导沟通时，大家都知道说话得客气，不能发脾气，不能黑脸，大多会采取常规的催促手段——借力打力。例如："辛总，客户那边已经催了两回，您能不能先处理一下这件事？"总之，试图把自己从这件事里择出去，借助其他力量压制领导。

这么做，虽然看似没有错，但仔细想想，是不是将领导放在一个很尴尬的位置上？难道只有你一心地为公司付出，领导都是吃干饭的吗？这不仅很难起到作用，还会让领导觉得你都能替他做主了，从而对你产生防备心理。

面对这种情况，我们应该怎么说呢？

No1. 体谅领导的难处，降低沟通阻力

阿朱在一家知识付费服务公司上班，负责审核、剪辑音频。不过，课程能否上线还得领导同意。如果领导一直拖着，最坏的结果就是竞争对手抢先一步占领市场商机。这样，他们的课程上线再想要后来者居上，就很难了。

领导偏偏有拖延症，阿朱就这样催促道："辛总，我知道您最近为了公司的事挺忙的，又是约见客户，又是跟投资人协商项目，估计没时间审核我们的课程了吧？"

这句话表达了两层意思：第一层，表示阿朱知道领导最近很忙，理解他到现在都没有审核课程的原因；第二层，委婉地提示领导："你现在还没有审核课程，如果再不给出答复，很可能错过上线的最佳时机。"

这种提示方式不会让领导产生抵触情绪，接下来的沟通更容易进行。

No2. 提供解决问题的方案，消除领导的焦虑情绪

拖延症的本质不是懒，而是在焦虑、恐惧等情绪的裹挟下做出的逃避行为。所以，想让领导不拖延，最佳的解决办法就是消除他的焦虑情绪。

换句话说，为领导推荐一个后备方案。这个后备方案不一定完美，它的真正意义不是解决问题，而是帮助领导缓解心理压力。

No3. 调动领导的积极性

消除领导的焦虑情绪后，你可以化被动为主动，给他分析原计划的优势。

辛总跟阿朱沟通课程计划后，阿朱说："辛总，虽然第二套方案可行，但如果竞争对手比咱们先上线同类课程，将会吸走一大批用户，到时我们再想挽回损失恐怕很难了。您今天要是能抽出点儿时间把课程审核完，咱们的课程就能占据市场大部分份额。"

这句话说出两个关键点：一是说出不拖延的好处，这对领导产生的诱惑力很大；二是强调出它不需要付出多大的代价，仅仅是

“一点儿时间”，这在领导能接受的范围内。如此一来，就可以调动领导的积极性。

值得注意的是，有的人觉得只有领导催促员工，没有员工催促领导的。

其实，处在不同的岗位，我们就应付出相应的劳动，承担相应的责任。当老板、领导拖拉时，我们完全可以有技巧地催促他们。毕竟，我们不只是在为公司工作，也是在为自己工作。

4. 老板提出的要求不合理，我该怎么拒绝

假如老板做出错误的决定或者安排了不合理的工作，你可以分三步拒绝他。

我刚参加工作时，总监说过的一句话让我至今记忆犹新：“老板提出的要求，合理的叫训练，不合理的叫磨炼。总之，对你都是很好的锻炼。”

把这种“拼命三郎”精神发挥得淋漓尽致的，非阿里巴巴的创始人之一彭蕾莫属。她说：“无论马云的决定是什么，我的任务就是帮助这个决定成为最正确的决定。”

七八年前，这两句话可能的确是一种升职、加薪的捷径，但在当今讲究弹性管理、高效工作的时代，它已经越来越不适用。所以，职场中，假如老板做出错误的决定或者提出不合理的要求，你该怎么做呢？

可能有人会说，当然是听从安排，完不成的 KPI 也要想办法完成，毕竟纵观整个中国历史，也没几个李世民。

这话只说对了一半。企业中，假如领导做出了错误的决定，身为下属却不加以规劝，企业的发展只会越来越糟糕。所以，盲目地服从绝对不是上策。

诚如上文所言，像李世民这样的领导只是极少数，绝大多数领导是普通人。普通人接纳劝谏的态度，肯定做不到察纳雅言、犯而不校。所以，我们拒绝领导时要讲技巧、讲策略。

老板做出了错误的决定或者安排了不合理的工作，我们可以分三步拒绝他。

首先，要向老板传递一种信号——“我对您做出的决定完全没有抵触情绪，您说得都对”，让对方觉得你理解且肯定他的做法，这样才方便实施后面的策略。

其次，提醒老板这么做将会付出多少成本。

几乎所有的老板最重视的核心问题都是利益。当你说：“老板，我觉得你的计划行不通……”老板肯定会找出多个理由反驳你。如果你告诉他这么做付出的成本太高，可能他自己就会先否决原本的计划。

战国时期，周天子欠齐王一个天大的人情。齐王说：“哎呀，人情世故的事好说，当初我帮了你的忙，现在你就用国宝九鼎来还吧！”

周天子心里肯定不愿意，但嘴上不敢说，就让手底下一个叫颜率的说客回绝齐王。颜率很聪明，他知道齐王对九鼎势在必得，所以采取“成本核算”的策略来说服齐王放弃九鼎。

颜率先是痛痛快快地答应了齐王的要求，接着，又提出齐王最关心的成本问题——怎么运送。

“您看，从东周到齐国山高水长，周围的国家谁不想要九鼎？要是半路上有人把九鼎抢了，多亏啊！再说，运送九鼎，您不得差人保护，这需要多少人护送、多少人运送粮草，万一路不好走，您还需要维修道路……”

齐王傻眼了，这样算下来运个鼎的成本也太高了，只好说：“算了，九鼎还是放在你们那儿吧。”

所以，当老板提出不合理的要求时，你可以采用核算成本法，让他意识到这么做会浪费多少资源，让他自己打消念头。

最后，即便你已经成功说服了老板，也要做出“决策权绝对在您手上”的姿态。当你给老板核算成本时，千万不能流露出“我就知道”的情绪，以免使对方产生误解——“全世界就你聪明，别人都是笨蛋”。

快到年底了，某出版公司的销售总监召开部门会议，说：“这段时间，大家辛苦了。不过，咱们公司最近的出版物销量一般，从明年开始，单本重点图书一个月内销量要突破10万册，半年累计要突破50万册。”

身为下属，该如何打消销售总监的狂想呢?

很简单，还是采用上面的策略，区域经理可以说：“总监，没问题，不过营销成本会大大增加，前期推广费用可能要比现在翻好几倍，万一市场突然变了风向，咱们将会产生巨大的损失。这事还是请您再权衡一下，觉得没有问题，咱们就着手干！”

5. 说服力：别用“我觉得”，要用“你觉得”

当你想要说服比你更专业的人时，要提抽象要求，不提细节要求。

最近，策划部门的小布和美工部门的莉丽起了争执。起因是，老板让他们俩一起做个 App 展示图。

一开始，他们的合作还算顺利。慢慢地，莉丽有些不耐烦，因为小布总是让她改东西。要是单纯地修改就算了，每次莉丽问小布需要改哪里、怎么改的时候，小布回复一条万能句：“我觉得你设计的页面不好看，具体怎么改也说不好，反正设计效果要高端、大气、上档次——要不，你把字体颜色改成亮色、logo 再放大一点儿，我觉得右下角有点儿空，你可以再加点儿东西……”

等莉丽按照小布的要求改完后，小布又觉得这儿不好、那儿不对，气得莉丽把键盘用力地摔在桌子上，说：“你来改！到底你是专业的，还是我是专业的？我累死累活地做图，你天天指手画脚的，你有能耐怎么不当设计师啊！”

小布和莉丽之所以会吵架，主要原因在小布身上。

这场沟通中，小布犯了两个错误。其一，评价作品时掺入太多的主观情绪，如“我觉得如何如何”，这种表述方式本来就缺乏说服力；其二，反复提出修改意见，而且按照他的要求修改后依旧存在问题，说明这本身就存在问题。

其实，很多人存在和小布一样的问题——说服他人时不能详尽地说明问题，而是用主观情绪回应。如果你不信，就让我们看看下面这个对话。

“我觉得这个美容项目没有效果。”

“我觉得这条项链的设计不够时尚。”

“我觉得这幅画画得不好看。”

发现了吗？主观情绪最明显的特征，就是三个字：“我觉得……”你觉得就是事实吗？不一定。只有明确地指出“为什么没有效果”“缺少哪些时尚元素”“不好看体现在哪儿”，才能令对方相信你是正确的。

当你说出“我觉得……”之后，对方是否可以反驳你呢？当然可以。别忘了，或许你在某个领域有着丰富的经验，没准在其他领域就是个一问三不知的小白——对方完全可以用自己在擅长领域的丰富经验，把你辩驳得哑口无言。

回想一下，你向老板汇报工作，他否定你的方案时，通常是怎么说的？要是老板只说“我觉得你提的方案不好”，你还能着手修改吗？是不是早就在心里吐槽老板一万次了？

所以，当你想要说服比你更专业的人时，要提抽象要求，不提细节要求。因为在其他领域，你的意见不一定是正确的，过于细节化的要求还会让对方执行时束手束脚，最后导致效果偏离轨道。

此外，不以主观情绪回应对方，把“我觉得”换成“你觉得”，一方面表现出你对对方的尊重，另一方面把话语权交出去。一个人的观点可能存在局限性，但两个人或者更多的人在一起探讨，往往更容易碰撞出火花。

小布和莉丽的合作中，很明显，莉丽作为设计师，她在设计领域的经验比小布丰富多了。小布觉得她的设计作品缺乏美感，可以这么说：“莉丽，我觉得你的设计理念挺好的，不过咱们这个 App 的受众人群是年轻人，我看其他同类型 App 页面的设计标志都比较个性化，色彩也比较丰富。你觉得加入一些多元内容，采用鲜亮的颜色，会不会更切合主题呢？”

这么说，既能拓宽对方的设计思路，又不会激怒对方，更容易达到双方都满意的目的。

这种说话技巧，适用于跟所有专业人士的沟通。

当然，在你掌握说话技巧的同时，还需要提前做好准备工作。毕竟，你面对的是专业人士，提要求或意见时，如果能将需求描述得更加清楚，或者用一些例子来说明，你们的沟通会更加顺畅。

6. “你行你上”，我不行，但有话要说

“你行你上”这种呛声确实让人很烦，聪明的人绝不会“迎呛而上”，而是巧妙运用应对技巧，化解交流矛盾。

歌手迪玛希在一次采访中说：“每个人都有自己的看法，有自己说话的权利。”这句话说得很实在，但不是每个人都能够做到尊重对方的表达权。有时候，你可能只是想简单地表达一下自己的看法，却换来别人的一句呛声：“你行，你上啊！”

说到“你行你上”，我估计网友都快被这句话烦死了。比如，很多网友都抱着一种恨铁不成钢的态度吐槽中国足球，这时网上就会传来另一种声音：“你行你上！”

再如，一些偶像明星名气大但演技差，拍的电影综合评分没超过 3 分，要是有谁指出来，粉丝立马回应：“你行你上！”

相比网络上的呛声，日常生活中要是碰到这种事，那就更让人

心情不爽了。

前些天，公司文员小兰就遇到这么一件糟心事。经理让设计部的阿贞做了一份企业宣传册，小兰觉得她的排版版式不够大气，就提了几条意见。没想到，这让阿贞不痛快了，立马说：“你行你上！”

当时，阿贞的声音很大，办公室里那么多人，小兰有点儿下不来台，就硬着头皮把这事揽了下来。实际上，小兰要是真行也好办，问题是她并不擅长排版，最后碍于面子，花了500元找人把这活完成了。

其实，“你行你上”这种呛声，目的是让我们心里不痛快，但如果你因为一时冲动选择“上就上”，很可能会得到像小兰一样的结果——毕竟多数情况下，我们的确没有能力完成自己不擅长的。

难道我没有能力完成，就没有权利说了吗？当然不是。不过，如何说，也讲究方法。

No.1 澄清角色以及承担的责任

现实生活中，每个人都扮演着各自的角色。相应地，每个人都肩负着责任。

举个最简单的例子，母鸡的职责是下蛋，你什么时候看见母鸡跳芭蕾了？所以，当对方说“你行你上”时，你可以告诉他，这本来就不是自己的领域，没有必要硬上。但是，对方在这方面没做好，就是他的责任，这是无法推诿的。

No.2 抓住对方背后的行为动机

“你行你上”这种说法，表面上是一种呛声，实际上只是对方为了逃避责任的说辞。说白了，这句话的意思是：你要是有更好的方案，就该直接提出来；要是没有，你就不能说我。所以，你可以大大方方地承认自己没有这个本事，把对方架到道德的制高点上，让他下不来台。

以小兰的故事为例。当阿贞说出“你行你上”时，小兰可以说：“就是因为我不行，经理才把这么重要的工作交给你。你既然负责这个任务，就该把它完成好，不然就辜负了经理对你的肯定！”

常言道，能力越大，责任越大。你把话都说到这个份上了，对方还能埋怨你什么呢?

No.3 利用机会成本回应对方

对方拿“你行你上”这种说法噎我们时，往往是因为我们先对其进行了批评或指责。我们没有理由，单单因为看这个人不爽就批评他吗？其实不是，是因为他占据某个位置、消耗了资源，阻碍了真正有能力的人的发展。

说个比较现实的观点：这个世界上，不是你行就有机会上位，上位的机会有限，别人占了这个机会，你就上不了。所以，如果占据机会的人没有完美地完成任务，其他人就会心生抱怨，因为他浪费了其他人展现才华的机会。

当占据机会的人再说出“你行你上”时，你可以指出这一点：我没法上，因为你已经在这个位置了。

“你行你上”这种呛声确实让人很烦，聪明的人绝不会“迎呛而上”，而是巧妙运用应对技巧，化解交流矛盾，在日常生活中不犯类似的错误。

7. 警惕：别把嘴欠当幽默

嘴欠和幽默是两回事，唯一的区别在于是否具有伤害性。

近几年，喜剧电影、搞笑综艺节目层出不穷。此前播出的综艺课程《吐槽大会》另辟蹊径，以“吐槽”名人的方式在喜剧市场争夺了一席之地。

在《吐槽大会》火爆全网以及众多营销号的带动下，观众对幽默有了新的认知，有人将“有趣的灵魂”视作评定他人是否优秀、情商是否高的标准之一。有的人还浅显地认为，幽默可以获得好人缘，更容易得到别人的认可。

虽然提高自己的幽默感没有错，但是，如果表达幽默的方式不恰当，只会画虎不成反类犬，非但不会讨人喜欢，还会惹人生厌。

上周末，朋友杨洋向女友求婚成功，这本是一件高兴的事，结果却遇到“我只是开个玩笑，不是故意恶心你”的糟心事。

就在大家给杨洋道贺的时候，有人插话说：“没想到你小子交的女朋友挺漂亮，就是腿粗了点，练体育的吧？哈哈……”他自顾自的笑声，让现场的气氛尴尬不已。不用想都知道，杨洋和女友心里得多别扭！

日常生活中，似乎最不缺的就是这样的人，在你开开心心的时候，冒出几句“玩笑话”恶心你，弄得你心情烦闷，还不能直接开撕。

当你减肥瘦了几斤，向朋友炫耀时，对方却说：“不是你瘦了吧，那是秤不准。”你要是露出不悦之色，对方立马解释说：“我只是开个玩笑，你怎么还当真了？”“你这个人真没趣！”

在缺乏同理心的人身上，有着一个共同点：以自我为中心，把冲动当勇敢，把愚昧当学问，把嘴欠当幽默，把毒舌当直爽。

嘴欠和幽默是两回事，唯一的区别在于是否具有伤害性。谈及幽默，其实老舍已经做出了中肯的解释。

在《谈幽默》中，老舍说：“幽默首要的是一种心态。我们知道，有许多人是神经过敏的，每每以过度的感情看事，而不肯容人。这样的人假若是文艺作家，他的作品中必含着强烈的刺激性，或牢骚，或伤感；他老看别人不顺眼，而愿使大家都随着他自己走，或是对自己的遭遇不满，而伤感地自怜。

“反之，幽默的人便不这样，他既不呼号叫骂，看别人都不是东西；也不顾影自怜，看自己如一活宝贝。他是由事事中看出可笑之点，而技巧地写出来。”

言简意赅，幽默是要颠覆或触犯一些常规观念和心态。假如被颠覆、触犯的一方觉得此举不可接受，幽默就变成嘲讽、嘴欠。

小熊的老家在黑龙江省。一次聊天时，同事小羽问小熊：“黑龙江是不是特别冷？”

小熊回答：“从小家里的大人就说，冬天别去舔街道上的栏杆。其实，大人要是不提醒，谁闲得没事去舔它呀！可大人一提醒，就激起我的好奇心——我舌头刚舔上栏杆，就冻住拔不下来了。你还不能硬拔，那多疼啊，只能让小伙伴在一边哈气。要不然，为什么东北人管兄弟都叫‘老铁’呢。”

小熊的一番话逗得大家前仰后合，小羽也配合地说：“黑龙江这么冷啊！”

与人沟通中，添加一些笑料或调侃对方的确可以活跃氛围，加强他人对你的好感度，但开玩笑时一定要拿捏住分寸感。

俗话说，当着矮人不说短话，切不可拿对方的缺点、不足、伤心事开玩笑。否则，只会给人留下尖酸刻薄的坏印象。

8. 情商高，就是让找碴儿变成佩服

身处职场，能够巧妙地应对对方的犀利提问、质疑，大概是成功的第一步吧。

日常社交中，我们常常被人提问一些敏感问题。面对这种情况，与其支吾不言，不如顺着他的话茬将话题引向其他方面，予以间接回答。这么做，一来可以回应对方的问题，二来可以彰显自己心胸宽广。

单莉能稳坐金牌销售头把交椅多年，和她的高情商密不可分。

销售部的很多女同事不喜欢单莉，因为她拥有一张很令女孩羡慕的脸蛋以及大把的订单，实在让人想不嫉妒都难。

虽然单莉具备很多优势，但她为人谦和，从不恃“美”而骄。她一直坚信，今天拥有的一切都是靠自己打拼争取来的，绝不是因为美貌。虽然单莉凭借实力一路高升，但在其他人眼里，美貌就是

她最大的实力。

一次，单莉参加同事的婚礼。酒席上，一个早就看她不顺眼的女同事阴阳怪气地说："单莉呀，怎么说你也是女神级别的人物，没你长得好看的人都结婚了，你转眼就快奔四了，怎么还没好消息？你再这么耽误下去，可真要成'黄金剩斗士'了。"

面对女同事的戏谑和调侃，大家原本以为这个问题会让单莉倍感尴尬，没想到她只是莞尔一笑，说："'黄金剩斗士'没什么不好，至少说明我还在黄金阶段，希望我能在这一阶段拥有一段黄金爱情吧。再说，我也不是什么女神，只是一个普通女孩，每个女孩的容貌都有自己的特色，都是美丽的。"

酒席上的人都暗暗称赞单莉情商高，不仅笑着接受了"黄金剩斗士"的称号，还赋予"剩女"全新的含义。这一番话不仅把女同事说得哑口无言，还巧妙地回击了对方的挑衅。

还有一次，一个朋友调侃单莉，用耐人寻味的语气问："公司老板招你进去，是不是因为公司缺个花瓶啊？"

"老板当初招我进公司，的确是因为我的外貌，但后来老板给我升职加薪，就不只是因为外貌了。我想，没有哪家公司愿意高薪养着一个花瓶吧？"

职场女性最忌讳的就是被人贴上"花瓶"的标签，这无异于否定她的全部努力。所以，很多女性听到这类问题，内心都会升起一股无名火，甚至直接黑脸。单莉却选择用温柔、自嘲的方式，回应这个令人头疼的问题，反而得到对方的认可。可见，一个人的情商高，就是将找碴儿变成佩服！

身处职场，能够巧妙地应对对方的犀利提问、质疑，大概是成功的第一步吧。比如，间接回答法既能解答对方的问题，又能堵住悠悠之口，不让对方在敏感问题上纠缠下去。

前段时候，喜剧演员贾玲的一条采访视频在抖音上火了。视频中，贾玲出席一场发布会，竟然遇到冷场的情况——台下竟无一名记者提问。

要是换作其他演员，可能会因遭受冷遇而黑脸或在台上不知所措，贾玲却仅凭一句话就调动了全场的气氛：“我都已经不火成这样了吗？你们没有问题想问我？一个提问的都没有？那我就自己说了，现在还是单身……”现场的记者都捧腹大笑，让之前的尴尬氛围一扫而空。

遇到这种情况时，我们不妨试试间接回答法，机智应对沟通难题。

/第七章/　救场：不易明说，用技巧说，任何场合你都不会翻车

1. 自我救场：说了蠢话，就要言责自负
2. 恰当拒绝：最好的拒绝是先接受
3. 沉默的价值：有时候，不说话比说话管用
4. 借不借钱，别再用“我手头也不宽裕”去拒绝
5. 控制情绪：别说偏激的话
6. 说好场面话要懂人情世故
7. 正确“接梗”的打开方式
8. 给对方考虑的时间，才能稳住场面

1. 自我救场：说了蠢话，就要言责自负

俗话说：“亡羊补牢，为时不晚。”即使你在嘴比脑快的情况下说错了话，只要及时救场就能化解社交矛盾。

人际交往中，说话最直接的影响就是他人对你的评价。

很多人羡慕能说会道的人，其实，他们羡慕的并非这些人的生活，而是因为会说话得到的好处。相反，那些不会说话的人，总是三言两语就得罪人，但他们根本不是坏心眼，就是因为话说得不好听，反倒落下一个“为人讨厌”的名声。

可能你觉得，别人评价你是好是坏都是别人的事，跟你没关系。可是你仔细想一想，与人相处时，人们最看重的是什么？是人缘。

好的风评，无论你在哪儿、做什么，都能给你带来便利；坏的风评，则刚好相反，它会成为你社交路上的绊脚石。因此，生活

中，你一定要注意自己的表达方式，避免口不择言而开罪他人。

然而，大多数人很难做到这一点。当别人质问“你为什么不能好好说话”时，他还会一脸无辜地解释：“啊？我也没说什么，怎么就得罪你了？”

其实，不是非要跟别人发生正面冲突才会得罪人。很多时候，得罪人是无意识下产生的结果，所以，即使你心无恶意，但表达方式和思路出了问题，也会让人觉得不舒服。

周五的晚上，主管张宇请部门的几个同事到家里吃饭。上楼时，张宇半开玩笑地说：“唉，每天上班急急忙忙的，家里都没来得及收拾，一会儿你们到了，可别笑话我。”

进门时，大家发现张宇家里还真挺乱的，好几件外套扔在沙发上，茶几上摆着用过的碗筷，地上放着好几个没扔的快递包装。

大家为了顾及上司的面子什么也没说，只有小桃心直口快，脱口而出：“我的天，你家里比我想象的乱多了，哪儿有下脚的地方啊！”

大家当时就看到张宇的脸色变了变，然后他尴尬地笑呵两声，不知道该怎么接小桃的话头。

这件事后，大家明显感觉到张宇开始渐渐疏远小桃，平时组织活动、聚餐都不再亲自通知小桃。后来，公司里有眼色的同事，也不再知会小桃参加各种聚会了。

日常沟通中，我们难免有考虑不周、说错话的时候，可能你无意识说出的话，就会让你的社交关系如履薄冰。不过，俗话说："亡羊补牢，为时不晚。"即使你在嘴比脑快的情况下说错了话，只要及时救场就能化解社交矛盾。

那么，我们该如何自我救场呢？下面就教给大家一招"补充话术"——当你意识到自己说错话后，可以加以补充，从而起到自我救场的效果。

昨天，一个男同事和女同事的穿着撞衫，小羽开玩笑地说："你们穿的是情侣装吗？"

此话一出口，小羽就意识到了自己的口误。因为这两个同事都已经结婚，有各自的家庭，她这样开玩笑明显不合适。于是，她赶紧补充道："哦！我知道了，回头我问问经理，该不会要给咱们定工服吧！"这么一来，谁都不会联想两个同事穿的是不是情侣装，小羽也完成了自我救场。

很多人存在这样的误区，觉得自己说了蠢话就一定会得罪别人，如果以后对方给自己"穿小鞋"，也是自己口无遮拦、自食恶果。

其实，说了蠢话最好的解决办法，不是默认自己的错误行为，而是及时自我救场。既然话已经说了，不妨再多说两句，把话题圆回来。

2. 恰当拒绝：最好的拒绝是先接受

当你想要拒绝对方时，可以先接受他的要求，再向他抛出一个选择题。

日常生活中，我们经常听到如下对话：

“小李，帮我取下快递。”

“小李，我中午不想下楼了，你帮我带份外卖。”

“小李，我不擅长做报表，你能帮我做一下吗？”

对大多数人而言，当别人提出某种要求时，自己只有拒绝或者接受两种选择。一些特定的情况下，我们不得不拒绝对方。比如，你已经忙得焦头烂额，同事还要你帮他做工作；你的报价已经很低了，客户仍跟你说：“再优惠一些！”

这就会导致很多人有这样的苦恼：拒绝，害怕伤了双方的和气；接受，吃亏受累的是自己！

朋友肥仔遇到这么一件烦心事。部门的两个同事辞职了，经理让他接手他们未完成的工作。要是工作量小点儿也没什么，毕竟经理把任务交给他，说明相信他的业务能力。

可是，现在肥仔一人要干三个人的活儿，他有点儿受不了，就跟经理说："抱歉，我实在分身乏术，完不成这么多的工作量。"没想到，经理不但不理解肥仔，还说他没有进取精神。这可把他郁闷坏了。

其实，你想拒绝对方做某事时，不能直白地说"不"，可以换一种方式——最好的拒绝不是说"不"，而是先接受。

就拿肥仔来说，经理交给他一大堆工作，他心里肯定是拒绝的。但为了不得罪经理，他可以先接受经理的安排，再有技巧地拒绝。

经理："肥仔，小王和小张没完成的工作就交给你吧。"

肥仔："经理，现在我手头的工作已经很多了，您让我接手他俩的工作也没问题，但完成的品质就不太能跟之前一样了，这样可以吗？"

这种说法既没拒绝经理的要求，也没向经理抱怨工作量大，只是巧妙地暗示对方：效能和品质，只能选一个。接下来，经理要么收回成命，要么放弃品质，无论他选哪个都能减轻肥仔的工作负担。

同事让小小帮他带外卖，但小小想拒绝他，可以说："好呀，不过我吃完饭可能要半个多小时，这样，你吃饭的时间就会很紧张，耽误了你的休息时间没关系吧？"这时，对方往往会先考虑自己的需求，不再麻烦你。

同样的道理，当客户说“你开的价格太高了，再便宜一些”时，你可以说：“行呀，我们可以采用××用料替代。其实，这款产品就贵在用料上，选择便宜的用料，价格自然低。”

心理学家指出，面临选择时，人们往往会把自己的选择合理化。简单地说，就是给自己的选择找个理由。所以，当你想要拒绝对方时，可以先接受他的要求，再向他抛出一个选择题——选择 A 还是选择 B，毕竟谁都没那么大的脸，好意思说“鱼和熊掌我都要”。

最后，使用这个沟通技巧时要注意时机，以免让对方误认为你是在推卸责任。假如你不是真的很忙，就不要说自己做不过来，避免弄巧成拙。

3. 沉默的价值：有时候，不说话比说话管用

在与人交往过程中，沟通是必不可少的。但有些时候，沉默远比声嘶力竭的争吵能产生更好的沟通效果。

今天上班时发现茉莉没来，我顺口问了一句："茉莉请假了吗？"小熊接话道："她辞职啦。"过了一会儿，他在微信上跟我说了事情的原委。

原来，茉莉一直都在做"朋友圈分组"的工作，发布朋友圈时会选择性地屏蔽领导、同事，没想到新入职的小羽成了"漏网之鱼"。

前段时间，茉莉和小羽发生口角。小羽发现茉莉经常在朋友圈发一些负能量的内容，如："如果你的上司是个笨蛋，该怎么办？""真讨厌，周六又要加班了！""最看不惯小羽那副小人得志的嘴脸！"

小羽看到茉莉在背后说自己，心里十分不悦，当即把她的朋友

圈截图发给上司。

就这样，上司找茉莉谈话，询问她是不是对公司有意见，并暗示她主动离职。显然，茉莉是吃了“话多”的亏，若她没有在朋友圈发那么多负面内容，又怎会被人抓住小辫子?

语言是人区别于其他动物的特征之一，它的主要作用是建立沟通。但是，无论做什么事都要有限度，说话也是一样。一旦话说多了，就容易祸从口出。因此，沉默也是一种沟通技巧，在沟通中起到关键作用。

爱迪生想建造一所实验室，可是他没有那么多钱，就打算卖掉一项发明。晚饭后，爱迪生和妻子商量这项技术应该卖多少钱，妻子犹豫了一会儿，咬咬牙说：“卖两万美金吧！”爱迪生迟疑着问：“会不会太多了？”

过了几天，一个商人听说了这项发明，他找到爱迪生，表示想购买这项技术。那天，碰巧爱迪生的妻子不在家，当商人问到价钱时，爱迪生觉得两万美金太高了，一直不好意思开口。商人只好试探地问：“先生，您觉得 10 万美金可以吗?”

爱迪生难掩欣喜之情，立马答应下来，他怎么也没想到这项技术值这么多钱。

在与人交往的过程中，沟通是必不可少的，但有些时候，沉默远比声嘶力竭的争吵能产生更好的沟通效果。心理学家将这一理论总结为“古德曼定律”，也作“沉默定律”。

很久以前，一个小国使臣奉命给大国进献宝物——三个一模一样、纯金打造的金人。这时，使臣说：“陛下，您知道这三个金人中哪个最有价值吗？”

无论从外形还是重量看，它们并无分别。国王分辨不出，只好让大臣们都来看看。一个大臣端详了一会儿后，说：“陛下，我有办法分辨出它们中哪个金人最有价值。”说着，他拿出三根稻草，将稻草插入金人的耳朵。第一根稻草从金人的耳朵里出来，第二根稻草从金人的嘴巴出来，第三根稻草掉进金人的肚子里。

大臣立马说：“陛下，第三个金人最有价值！”

毋庸置疑，会听、会说不是最有价值的，听过、经历过不公平却依然能保持自己的人，才是最有价值的。

社交中，大多数人总是急于表达自己，却忘了沉默也是一种语言。沟通时，学会用沉默以静制动，不但能掌握主动权，还可以掌握沟通的分寸和节奏。

美国纽约国际银行刚一营业就被人们熟知，为什么它会有这么高的知名度呢？这是沉默的功劳。

原来，银行策划了一则别具心裁的广告——晚上，当市民正津津有味地听广播时，主持人说：“各位听众朋友，从现在开始播放本市国际银行向您提供的沉默时间。”说完，全市电台中断 10 秒钟。

这短暂的 10 秒钟，人们议论纷纷发生了什么事，但毫无疑问都记住了这家银行。

古人说“言多必失”，夸夸其谈不但会给人留下坏印象，还可能会让别人抓住把柄。因此，谨言慎行，适当沉默，才是得体的处世之法。

4. 借不借钱，别再用“我手头也不宽裕”去拒绝

拒绝对方前，一定要探听清楚对方借钱的原因，然后根据情况给出一个很有说服力的理由。

有个段子这样说：都说谈钱伤感情，可你老提感情也伤钱呀！

一直以来，“钱”都是一个特别敏感的话题。相信不少人有这样的心路历程——亲友跟你借钱，顿时心头一紧：不借吧，估计对方也琢磨了好半天才抹开面子跟你开口，直接拒绝就得罪了对方；借吧，说真的，谁也不喜欢把钱借出去。

有的人不太会说话，别人提出借钱的请求时，通常会用“兄弟，我最近手头也不宽裕”“近期刚随完好几份份子钱，所以……”来拒绝对方。哪怕你最近真的手头紧，但只要说出这句话，对方的

理解就是：“借口，就是不想借钱给我。”

“兄弟，最近我手头有点儿紧，能借点儿钱用一下吗？”

面对这一情况，大多数人的第一反应是反问：“借多少？”其实，当你说出这句话时，就等同于向对方释放出“同意借钱”的信号。可能你会说：我只是问问对方需要借多少钱，如果借的数额超过我的预期，我好拒绝他。恰恰相反，对方可不会这么想，而是认为你已经同意了，否则为什么要问借多少呢？既然问了，不就意味着多少都能借点儿吗？

在接下来的对话中，不管你借不借钱，他都不会领你这个人情——

“小古，最近我的项目需要用钱，你能不能借我两万元周转一下？”

“这个月我要参加朋友的婚礼，还有几份保险要交，要不先借你 5000 元？”

“兄弟，我真的着急用钱，看在朋友的面子上，你就帮帮忙吧！”

“好吧……”

即使小古最后答应了朋友，对方还是会在心里想：看吧，他明明有能力借钱给我，却推三阻四，看来我们的交情真的不值钱！

从古至今，中国都是一个人情社会，愿意亲近多借给自己钱的人，而疏远少借给自己钱的人。就拿我来说吧，如果同学跟我借钱，我最多借他千八百元，就算他以后不还，我就权当“花钱识人”

也不心疼。要是亲友跟我借一两万元，即使我装出一副大方的样子借给他，心里也会老惦记这件事，担心对方不还。

绝大多数人是以借钱金额衡量关系的亲疏，所以，当对方提出借钱请求时，你借给他少了，他会觉得你没拿他当朋友；借得多了，你心里又觉得没底，索性从一开始就拒绝对方，反而没那么多事了。

那么，亲友开口借钱时，怎么不伤感情地拒绝对方呢？

你关心的重点不是借多少钱，而是借钱的原因。这样做，一来可以将是否借钱的主动权握在手里，二来是让对方感觉到你对他的关心。

一般来说，我们不会因为千八百元纠结怎么拒绝对方，想拒绝，一定是对方借的数额超出了自己的接受范围。这种“借大钱”的原因，不外乎以下两种。

第一， 救急。例如，家人生病或者突发事件急用钱，遇到这种情况，我们要尽可能地施以援手。如果对方借的数额太大，你没法给予经济支持，也可通过其他形式帮忙。这样做，原本想借钱的亲友会理解你的难处，不至于伤了和气。

第二， 免息。例如买车、买房，为省去银行贷款的利息而跟你借钱。如果你借给他了，往后就会陷入无止境的催债、拖欠的死循环。等催促几次，不但你心烦，对方也心烦，之前建立的人情也都会被消磨光。

对于这一情况，与其答应借钱后消磨交情，还不如直接拒绝对方。比如，对方说："我想买车可全款不够，你能不能借我几万元周转一下？"你可以说："真是不巧，我跟女朋友筹划婚礼得花费不少，我实在有心无力啊！"

再如："我们公司快倒闭了，都拖欠了三个月的工资，你看能不能借我点儿钱急用一下？"你可以说："唉，咱们真是难兄难弟，我们公司最近也不景气，上个月的工资还没发呢。"

总而言之，拒绝对方前一定要探听清楚对方借钱的原因，然后根据情况给出一个很有说服力的理由。你要明白，借钱给别人是情分，而非义务，所以不要觉得不好意思。

5. 控制情绪：别说偏激的话

情绪犹如可怕的洪水猛兽，需要我们加以控制、制服。

毕淑敏在《你要学着自己强大》中这样谈及愤怒："小时候看

电影，虎门销烟的英雄林则徐在官邸里贴一条幅‘制怒’。由此知道‘怒’是一种凶恶而丑陋的东西，需要时时去制服它。”

紧张、焦躁、愤怒等负面情绪，是人类与生俱来的。心理学家研究发现，90% 的负面情绪（非沟通交流层面）都是瞬间产生的。负面情绪不仅能影响我们的行为能力，还会影响周围人的情绪，甚至引发更严重的后果。

刚毕业参加工作时，我是一个非常情绪化的人，因为一些芝麻大小的事就跟别人拌嘴。在负面情绪的裹挟下，我就像一辆失控的汽车，谁拦着我，我就撞谁，结果一件小事越闹越大，最后竟然到了差点儿动手的地步。可见，情绪犹如可怕的洪水猛兽，需要我们加以控制、制服。

日常生活中，我们经常听到类似的对话：

“你别着急，先冷静一下。”

“我很冷静，知道自己在做什么！”

“你先别生气……”

“谁说我生气了？我没生气！”

“好啦，你别不开心了。”

“我没有不开心，你从哪儿看出我不开心了？再说，我开不开心，跟你有关系吗？”

面对坏情绪，大多数人的第一反应就是急着否认，结果越陷越深，最后因为过激言行关上所有可能沟通的门，甚至还将坏情绪发泄到他人身上。

除了这种否认的态度外，很多人在气头上有过口不择言的经历。尤其是在争吵时，你说一句难听的话，对方立马回两句，进而形成恶性循环，任由事态发展到不可收拾的地步。

临近春节假期，小甲因为工作出现纰漏被扣除了年终奖。正在他为这事心烦的时候，小乙宽慰说：“多大的事呀，你别这么不开心，反正年终奖也没多少钱，你就别往心里去了。”

“你说得轻巧，敢情你没被扣钱。要是换作是你，你能开心起来吗？”

“你这个人真有意思，我好心安慰你两句，你怎么还跟我犯上浑了？”

“你会不会说话，谁犯浑了？你怎么张口闭口就骂人，有没有素质啊！”

“我不想跟你吵架，你冷静一下吧。”

没想到，这句话反倒让小甲更加咄咄逼人。结果，俩人越吵越激烈，从小口角上升到人身攻击，即便经同事调解，他们的关系也大不如前。

其实，小甲、小乙两个人均有错误。小甲错在没有控制好自己的情绪，言语过激。可能你会问，小乙没说什么，他错在哪儿了呢？小乙错在说出“你先冷静一下”这句话。

沟通过程中，“你先冷静一下”这句话，很容易激起对方的逆反心理。因为这句话，等于说对方刚才的言论是在情绪不稳定的情况下说出来的——说得难听点儿，就是一堆废话，对方怎能心平气和地与你交流呢？

从心理学的角度上分析，大多数人的情绪是阶段性逐渐递增的——从不生气到有点儿生气，再到很生气，再到气得原地爆炸。一个人开始否认自己存在坏情绪时，他的情绪状态就更加不稳定，突然将火力值直线升高至百分之百，即翻脸比翻书还快。

所以，沟通过程中，我们要善于察觉自己以及他人的情绪，要在坏情绪侵略理智前提醒自己和对方。

比如，对方说你胖，你觉得他冒犯了你，可以说："别说我胖啦，再说我可要生气了。"其实，这时候你并没有生气，只是给对方发出一张"黄色警示牌"。如果对方神经大条不把你的话当回事，说："哎呀，不就是开个玩笑，你至于吗？"你可能就要生气了，如面色不好、说出一些不好听的话，这场沟通将会变成一场口水战。

所以，在向对方亮出"黄色警示牌"时，我们需要控制情绪，一方面向他人传递"生气预警"，不要把坏情绪埋在心里，以免积累到一定程度后爆发；另一方面，控制自己的情绪，别说偏激的话，以免给双方造成更大的心理压力，引起不必要的交际矛盾。

6. 说好场面话要懂人情世故

有时候，大家起哄让你请客，未必是真的让你埋单。在社交场合，你说什么不重要，重要的是用什么样子的态度说。

这两天，小宋有点儿不开心。我问他原因，才知道上周他们公司搞团建活动，小宋手气好，抢到200元的红包。于是，同事就说："小宋呀，这大喜的日子，晚上请我们吃饭吧。"

小宋实诚，说了句："要是请大家吃饭，我还得再贴补200元呢，算了吧。"原本热络的气氛顿时一扫而光，大家都说他小气，开不起玩笑。

小宋对我说："同事真讨厌，要是答应了他们请客，我何止要再花200元。拒绝请客本就是我的权利，他们居然还吐槽我小气。"

日常生活中，你是否也有过类似的经历？

中国人最讲究人情，请客是人情的一种体现。可是，你见过被逼请客赚人情的吗？你要是主动说："今天这顿饭我埋单，谁都别跟我抢。"人家会记着你的人情，日后想起来还会说："小古之前还请我吃了顿饭。"你要是在大家的怂恿下埋单，就没人会承认这个人情了。而且，只要你稍有犹豫，别人就会唏嘘"不请客就是不给面子"，到时候人情没赚到，钱还白花了，这就得不偿失了。

其实，大家起哄让你请客的时候，未必是真的让你埋单。所以，听到这种话时，不管对方到底是不是真的让你请客，你都把它当成玩笑话——对方跟你开玩笑，你也可以跟他开玩笑，这时不管你是拒绝还是答应，谁都不会计较。

比如，同事聚会时，A 说："听说你买新车啦，混得不错呀，这顿饭你请吧！"

你可以用开玩笑的方式回应："行呀，下回你带咱们去吃什么呀？我觉得波士顿龙虾不错。"或者，可以主动反击："今天点的菜这么少就让我请客，太看不起我了。""何止混得不错，我真有钱！可是有钱人都任性，今儿我就任性一回——不请客。"这么说，大家哈哈一笑，请客的事儿就翻篇了。

还以小宋的事举例。如果当时他说："好呀，可是下回就应该换小 A 请客啦，小 B 也要做好请客的准备哦！"或者说："没问题，超额的话，经理可要报销呀！"这么一说，大家不一定会让小宋请客，还热络了气氛。

在社交场合，你说什么不重要，重要的是用什么样子的态度说。如果有人起哄、怂恿你请客，你不要直接拒绝他的提议，要用开玩笑、斗嘴的态度回应问题。这么做，既不会伤害你们之间的感情，还能哄抬氛围。

这种说话技巧，还适用于类似的沟通场景。

公司举办年会，同事A让艾米上台表演节目，但艾米不想上台，就说："为啥让我去，你怎么不上去？"这么说，艾米不但得罪了同事A，还会让其他同事觉得她不合群。如果艾米说："我不能去，怕我上台会艳压四方。"大家就会被艾米的幽默感逗得哈哈大笑。

很多时候，别人说什么都是半开玩笑、半认真的。回应这种问题时，我们索性把他们的话都当成玩笑，也用开玩笑的方式化解尴尬。

7. 正确“接梗”的打开方式

其实，不管对方开的玩笑是善意的还是恶意的，只要你把它当成一个玩笑，你的处境就不会那么尴尬。

我曾经被这样的问题所困扰：被人调侃、开玩笑时，不知道该怎么“接梗”。

有时候，朋友开的玩笑有些过分，但我又不想跟他翻脸，原本打算不轻不重地说几句话，结果反倒让聊天陷入冷场。

一年夏天，我去海边度假，回来时被晒得特别黑。朋友见了，调侃我说：“哎呀，一看你就是混血儿。”

“为什么这么说？”

“中非混血，哈哈哈。”

“你别瞎说，我是被晒黑的好吗？”我说完，气氛一度很尴尬。

有过这样的经历，我发现被开玩笑最好的解决办法，就是参与进来。其实，不少人跟我有同样的烦恼——不知道如何“接梗”。有时候，别人都把“梗”递到你嘴边了，结果你只是哈哈一笑，让“梗”直接掉到地上。

如果你不是段子手，平时又不擅长开玩笑，可以采用最简单的“接梗”方式——自黑，因为大多数人觉得自黑的人随和、有趣。

有人说，幽默的最高境界就是自黑。当你开始自黑时，别人就无话可说了。

当然，自黑也讲究技巧。可能你身边就有这样的人，他们明明在自黑，但开玩笑的效果并不好，这是因为他们没有抓住自黑的诀窍：你说的话，超出了别人的想象。

销售部的同事小于经常约不同的女孩吃饭，这件事经常被大家调侃。一次，小熊开玩笑说：“小于，你到底交了多少个女朋友？”

要是小于辩解说“别乱讲，哪有这种事”，不但不能解释自己的行为，还会让人觉得他开不起玩笑。所以，小于就用自黑的方式说：“哈哈，少说得有一个连。我现在出门都不敢跟女孩搭讪，生怕对方是我的前女友。”

小于说完，大家都被他逗得哈哈大笑。就算小熊真的想讽刺他，也没有继续说下去的由头了。

别人开你玩笑，一般分为善意和恶意两种。面对善意的玩笑，大家你来我往才有趣。这好比打羽毛球，我把球打给你，你接住它再打给我，游戏才进行得下去。所以，无论对方抛出什么话题，如笑话我们胖、矮、笨，你都可以用自黑的方式回应他：

“你太低估我的身材了，我要是称体重得需要两个秤——一脚踩一个，才称得出来。”

“没办法，女娲捏我的时候手抖了一下，结果就忘了把我的腿拉长。”

“我脑子不够使，小时候天天吃六个核桃，结果尽长胆固醇了，就是没变聪明。”

这么回应，既能制造笑料，又能让别人觉得你是幽默、不爱计较的人。

面对恶意的玩笑，我们也可用自黑的方式回应对方。这样一来，即便对方真的想黑或者讽刺你，他也没有继续说下去的理由了。

其实，不管对方开的玩笑是善意的还是恶意的，只要你把它当成一个玩笑，你的处境就不会那么尴尬。

网上有这么一句话很有道理：生活没有彩排，每一天都是现场直播。虽然自黑的方式有多种，但在实际应用中，往往需要你反应迅捷，快速地接住对方的“梗”。

8. 给对方考虑的时间，才能稳住场面

我们生活在一个由话术构建的世界里，但大多数人没有意识到这一点。

我们生活在一个由话术构建的世界里，但大多数人没有意识到这一点。同样的情境下，有的人寒暄几句就能吸引别人的注意，有的人轻声细语却还不受好评。有时，你只能把自己薄弱的存在感、无力感、挫折感，悻悻然挤成一丝苦笑："唉，我这个人就是不太会说话。"

不会说话，是困扰很多人的难题。

元宝做电话销售员有段时间了，从他正式上班那天起，累计拨打电话估计有几千个，结果却令人大失所望——一单都没签下来。

"话术模板都是一样的，只是我的运气太差了。"元宝愁眉苦脸地说，"再这样下去，公司一定会解雇我。"

于是，我和元宝做了一个电话沟通的模拟实验。我们俩面对面坐下，他拿起手机拨通我的手机号："喂，您好，这里是东方育才有限公司，教育培训需要了解一下吗？"

我对元宝的这套话术并不陌生，很多人包括我自己就经常会接到类似的推销电话，如保险、基金、证券、大产权、小产权……他们的沟通模板仿佛是剪切、复制的，把公司名称和推销内容替换一下，语气都一模一样——掺杂着焦躁和争分夺秒。

我接听到这类电话时，最直观的感受就是烦躁，进而产生挂断电话的行为。如果我当时的心情不错，还会说一句："不需要，谢谢。"

于是，我问元宝："为什么不选择在介绍自己后，追问对方一句是否方便接听电话呢？"

元宝告诉我："电话销售员的推销战略中，有一条叫'不给对方考虑的时间'，就是说，在最短的时间传递出吸引对方的信息才有可能做成生意。但实际情况如何，大家心知肚明。"

从理论上说，这条战略是正确的。但从实际操作的角度来说，它毫无价值。

做生意，免不了跟人打交道，这就牵扯到一个社交定理：不粗鲁地与人交往。

回想一下，我们会因为什么事而讨厌一个人？没礼貌、太过自我、自私……这些字眼可以用一个词来概括，那就是粗鲁。比如，同事不小心踩了你一脚，不但连道歉都没有，还责备你走道不看路。你是什么心情？是不是觉得这个人超差劲！

所以，打电话也是一样的，尤其是针对客户这种目标群体。如果一开口就让对方讨厌你，无论你后面说什么，这些信息对他是否有价值，都很难挽回对方的好感。

使用电话沟通时，追问对方是否方便接听电话，并不影响整体的沟通情况，还能带给你更多的信息。

A：“您好，我是 ×× 公司，请问您方便接电话吗？”

B：“不太方便，我正在开车。”

这个问题抛出后，对方会根据情况回答是或不是。如果对方回复“是”，接下来你就可以详细地向对方传递消息。在这种不焦躁的环境下，人的忍耐度和专注度往往会更高，对方会注意听你到底说了什么，不管是否有这方面的需求，至少你向他传递出了有效信息。如果对方回复“否”，你就可以说“好的，那等方便时我再联系您”，为达成下一次的有效沟通做铺垫。

人都具备同情心理，粗鲁地打电话不会换来沟通机会，只有被无情地挂断。所以，与人电话沟通时，一定要记住两句话——“请问您现在方便接听电话吗？”“您现在方便拿笔记一下吗？”

/第八章/ 控场：

掌控会场，深度说服，将影响力发挥到深入刻骨

1. 掌控情绪，从来不靠“忍”
2. 情商高，就是说话让人舒服
3. 零障碍沟通：不直接反驳对方的观点
4. 用场面话，找到对方的真实需求
5. 学会自嘲：创造意想不到的沟通效果
6. 你的话不是没道理，而是说得太多了
7. 决定命运的不全是努力，还有沟通能力
8. 别做讨好型人格的讨厌鬼

1. 掌控情绪，从来不靠“忍”

情绪是人类正常的生理机制，但我们不该被情绪操控，而是面对不同的情境时有选择地释放情绪。

在大批营销号的轰炸下，人们已在不知不觉中将“不争吵”“不争辩”与高情商画上等号。那些因无力反击而处处忍让、过得小心翼翼的人，单方面地相信这个道理。

拿破仑说过，能熟练控制自己情绪的人，比能拿下一座城池的将军更伟大。可想而知，掌控情绪不是一件容易的事。

甄美丽是个暴脾气，绰号“小辣椒”，遇事总是一点就着。

前阵子，同学委托甄美丽帮个忙：“我这边需要设计一张海报，美丽啊，你是做这行的，能不能帮我介绍个设计师？”

甄美丽很仗义，当即说：“找别人还得花钱，我给你免费做，你把需求告诉我就行。”

同学看她这么爽快，往她微信转了1000元，说：“行，但我不能让你白忙，给你微信里转账了，多少是个心意。”

甄美丽一开始不想收，但同学说要是不收，就变成他故意占便宜，她也就收下了。

同学等了五六天也没见甄美丽联系他，就有些坐不住，给甄美丽发微信：“美丽呀，那张海报好了没有？”

等了几个小时，甄美丽一直没有回复。同学有些着急，就给她打了电话。没想到，接通电话的瞬间，听筒里传来的竟是甄美丽的满腹牢骚：“有没有搞错，这都半夜11点了还打电话，还让人休息不？”

“哎呀，真抱歉，美丽，我这边着急用海报，给你发微信也没回，就打电话问问，设计图做好了吗？”

“我加了好几天班，今天好不容易早点儿回家补个觉，就被你吵醒了。设计图哪儿有那么快就做好的，你再等几天吧。”

“不行啊，我真的急用。”

“你这人怎么这样！我是看在朋友情谊上才帮你做的。你给我1000元，就能把我当小工使唤了？你知不知道我接一张设计图多少钱！行了，也不跟你废话了，我把钱转给你，你找别人做吧。”

同学听了这话，差点没被气晕过去。事已如此，他只好认栽，重新找了一位设计师，加班加点赶出设计图才没误事。

过了一个星期，同学收到甄美丽的道歉微信，说她那几天频繁加班，又被领导批评了一顿，心情不太好，就把他理所当然地当成了出气筒。

同学被甄美丽的“神逻辑”雷得外焦里嫩：凭什么你不高兴，就能把坏情绪发泄到我身上。敷衍几句后，他便再也不联系她了。

过了几天，甄美丽小心翼翼地发微信问同学：“咱俩那么多年的朋友，难道你因这么一件小事就跟我疏远了吗？”同学看完，想都没想直接把甄美丽拉黑了。这种随意拿他人当出气筒的朋友，不要也罢！

怒，是人之常情。人们在愤怒情绪引导下做出的判断，往往会得不偿失。甄美丽在某一瞬间输给了情绪，失去的不只是多年好友，还有朋友对她的信任以及自身信守承诺的品质。

掌控情绪，从不靠隐忍，那些成熟的人都懂得与坏情绪化敌为友。

小萍是我的大学同学，她常说的一句话就是：“做人，心里总要阳光一点儿。”

大学时，有个同学向小萍借了800元，本来说好下个月就还，可两个多月过去了，还是没有还钱。舍友们吐槽说，那个同学摆明就是借钱不还，纷纷给小萍支招——把他的个人信息挂到学校论坛上，让他以后没脸做人；还可以找几个人高马大的男同学，威胁他必须尽快还钱；再不济，“电话轰炸”也要搅得他生活不宁。

小萍摇摇头，说：“算了，大家同学一场，没必要为那点钱闹个鸡犬不宁。况且，他可能最近手头紧张，过段时间就会还钱给我。做人，心里总要阳光一点儿。”当事人这么说了，舍友们只好放弃那些计划。

又过了一个多星期，那同学找到小萍主动还钱，并向她真诚地表达歉意。同学解释说，之前有人给他推荐了一款理财产品，5000元存入一个月就能拿到600元的利息。就为了挣这点儿利息，他跟好几个同学借了钱。可时间到了，他才发现自己被骗了。

“我这是偷鸡不成蚀把米，前前后后跟同学借了3000多元。这段日子，我一直在肯德基打小时工，今天刚发工资就赶紧来给你还钱。”那同学唉声叹气地说道。

小萍万分庆幸自己的坚持是正确的。如果她当时没有控制住情绪，把这件事闹得沸沸扬扬，同学之情就算完了。

有人在网上看到跟自己想法相左的评论，坏情绪就像喷发的山洪，恨不得瞬间将对方吞没，劈里啪啦地敲打出恶毒的诅咒。殊不知，他们的时间和精力完全挥洒在毫无收益的地方。

心理学家认为，情绪是人类正常的生理机制，但我们不该被情绪操控，而是面对不同的情境时有选择地释放情绪。

2. 情商高，就是说话让人舒服

语言中往往藏匿着我们的情绪和企图、想法和欲望，包含我们对外界的揣测和恐惧、理解和向往。

有人说，一个人的可能想法，体现在他的话语里。语言是人们的疆界，也是人们的居所，同时更是人们的牢笼。语言中往往藏匿我们的情绪和企图、想法和欲望，包含我们对外界的揣测和恐惧、理解和向往。

出差期间，这天晚上我抽时间跟艾米聊天，她说公司的前台妹子小 S 昨天被开除了，原因是她又说错话了。

平常大家私下聊天时，艾米经常跟我提到这个小 S，肤白貌美大长腿，除了不会说话也没别的毛病。

小 S 性格直爽，有什么说什么，就是情商有点儿低。一次，艾米买了两盒蛋黄酥分给部门同事一人一个。小 S 咬了两口，皱着眉头问：“这里面是不是有鸭蛋黄？”

“是啊。”艾米点点头。

刚说完，小 S 就抽了张纸巾，把嘴里的蛋黄酥吐了出去，一脸痛苦地说：“我不爱吃鸭蛋黄，总觉得它跟屎一样。”这下好了，办公室瞬间安静了。

“她这么形容，让别人怎么看这个蛋黄酥？ 8 元一个，她早说自己不爱说，就不给她了。”艾米无力吐槽道。

类似的事不胜枚举。艾米开玩笑说，小 S 都能出一本口误集锦了。其实，大家都知道小 S 没坏心，就是脑子有点儿不够使，平时哪句话说得不中听也不会往心里去。只不过，同事能包容她的“没脑子”，领导就未必了。

就是前天，总监开车带他们几人去吃饭，本来车子开得好好的，马路上突然跑出来一只小巴哥。总监当时吓了一跳，赶紧踩了刹车把车子停住，估计巴哥犬被吓蒙了，竟然也站住了。

小 S 脑回路也是清奇，张嘴说了一句：“哈哈哈，这狗还会踩刹车！”当时气氛相当尴尬。第二天，总监说，小 S 的业务能力不行，另谋高就吧。

喵小姐有句话说得很有意思：“一个人说出的话，首先影响到的不是别人，而是自己。同一件事，你选择用哪种方式‘说’，就决定了你会采取什么样的行动。”

就像第一次吃咸鸭蛋，小 S 会说：“它怎么那么难吃！”喵小姐却会说：“我没尝出它哪里很好吃。”她们表达的是一个意思，却给人两种截然不同的感受。

之前，喵小姐和阿炳当志愿者向路人募捐，阿炳常常被路人拒绝，喵小姐的成功率却很高。阿炳吐槽说：“这些人看上去道貌岸然的，结果呢，一个个借着募捐跟美女套近乎。”

其实，募捐成功这件事，真的跟性别没什么关系。

募捐时，阿炳这样说：“请问，您愿意为了儿童慈善基金捐 5 元钱吗？”结果，他一次又一次地被拒绝了。

喵小姐是这样说的：“请问，您愿意为了儿童慈善基金捐 50 元吗？如果不方便的话，捐 5 元也能帮助到孩子们。”她只是变化了一下说法，竟然提高了募捐成功率。

心理学中，有个登门槛效应。顾名思义，它是指当某人接受对方一个微不足道的请求后，为了使自己言行如一，就有可能接受对方更多的请求。这好比登门槛，没有人可以一步登梯，需要一个台阶、一个台阶地走。

如此，《菜根谭》中这句处世哲学才能流传至今：“攻人之恶勿太严，要思其堪受；教人之善勿过高，当使人可从。”

20 世纪中叶，心理学家弗里德曼做过一个实验：他来到一个居民区登门拜访，希望那些家庭主妇能同意在他们家门前挂一块书写“安全驾驶”的小木牌。这些家庭主妇都同意了。

过了一段时间，弗里德曼再次登门拜访，提出在他们的庭院安插一块不太美观的警示牌。结果，超过 50% 的人同意了这一请求。与此同时，弗里德曼又派人去另一个居民区，直接向对方提出在庭院安插警示牌的请求，只有不到20%的人答应。

由此可见，向他人提出要求时，应循序渐进。当你对某人提出一个“不情之请”时，对方完全有理由拒绝你。假如你对他提出两个“不情之请”，通过对比，对方往往会接受更容易的那个。

说白了，可能大家觉得捐50元有点儿多了，所以会优先选择捐5元，而忽略了自己本身可以“拒绝捐款”这件事。

会说话，不能带给你绝对的好处，但它可以帮你免去许多麻烦。如果你被别人讨厌了，先别着急吐槽对方不懂你，而是先反思一下自己是不是说错过话。

3. 零障碍沟通：不直接反驳对方的观点

可能你的身边就有这样的人，他们听不得别人的意见，谁要是跟他的想法不一样，他就觉得对方是在故意抬杠。

日常社交中，无论是跟朋友聊天，还是与同事开会讨论工作，难免会遇到意见相左的情况。有时候，双方沟通没注意语气、用词，就可能从意见不同演变成激烈的争吵，打乱原本的沟通计划。

前段时间，阿喜和同事M发生了口角。那天，同事M说现在的影视剧都在用流量明星，要演技没演技、要剧情没剧情，根本没法看。阿喜说了一句："不是呀，有的流量明星演技也不错啊！"结果就惹到M了，说出一箩筐话反驳她的观点。

当时，阿喜不想跟M争辩。过后，她跟我吐槽说："我和M的观点不一样，难道没有表达自我的权利吗？"

可能你的身边就有这样的人，听不得别人的意见，谁要是跟他的想法不一样，就觉得对方是在故意抬杠。你跟他争辩，简直是浪费自己的时间和唾沫；不跟他争辩，说真的，谁都是第一次当大人，凭什么为了迁就他而改变自己的想法呢？

既然我们不想委屈自己，跟这样的人交流时就可以使用"打桩话术"——换一种说法表达自我，让对方挑不出毛病。

沟通过程中，虽然我们推崇公正，事实上，大多数人很难做到这一点。很多人会本能地将自己的想法进行自我延伸，一旦有人反对，他们就会觉得自我受到侵犯，甚至误解对方否定的是他这个人，从而产生抵触情绪——不管对方说得有没有道理，他们都要为自我辩白。

简单地说，就是此刻他已经不单单是在陈述观点了，而是希望通过语言上的胜利获得心理安慰。所以，我们反驳对方的看法、意见时要特别小心，不要让对方觉得你否定的是他这个人。

所谓打桩话术，就是创造一个“桩”，引用别人的话反驳他的看法，这样能大大降低对方的抵触情绪。即便对方有什么不满，他也会认为“是这个桩造成的”。

就拿阿喜的事来说。要想让同事M心平气和地接受她的看法，就要先创造一个“桩”——

M：“现在的影视剧都用流量明星，要演技没演技、要剧情没剧情，根本没法看。”

阿喜：“有个导演讲过流量明星的问题，他说流量只是演员的附加值，聪明的演员不会舍本逐末弃演技而追逐流量的。这样看来，这个导演的看法似乎跟你不太一样。”

这个导演存不存在并不重要，重要的是，让他成为“明桩”替你传递信息，避免沟通双方的敌对情绪。要知道，我们难以跟对方深入探讨问题，就是因为其中一方对另一方产生了敌意。

此刻，局势变成导演反对同事M的看法。由于阿喜置身事外，从M的角度来看，阿喜和他站在同一阵营。这样一来，即便M产生了不满情绪，针对的也是导演，跟阿喜之间没有敌对情绪。

接下来，就算M要反驳那个导演，阿喜也可继续用这个“明桩”转达自己的看法。比如，可以说：“你说的情况也有，但这个导演说的也有道理，××虽然是流量明星，但很多前辈夸他演技好。”虽然辩驳过程中双方的讨论越来越深入，但有“明桩”当挡箭牌，M的坏情绪不会迁移到阿喜身上。

最后，如果M无法反驳“明桩”的观点，阿喜也可给他找个台阶，说：“可能那个导演说的也不全对，咱们不能以点概面……”这样既给了对方面子，又说出了自己的真实想法。

我们打“桩”的时候，要尽量让“桩”显得中立，甚至让对方觉得你跟他站在同一立场反驳这个“桩”的观点。不然，对方就会意识到所谓的“明桩”就是我们自己，那样就适得其反，更容易激起对方的敌对情绪。

4. 用场面话，找到对方的真实需求

在与顾客沟通时，销售员要引导顾客说出真实的需求，不要为顾客想象的需求所误导。

很多人觉得销售行业是个苦差事，兢兢业业工作一个月，销售额可能还上不去。其实，业绩不好，是因为你没弄清楚顾客到底想要的是什么。

朋友小贝是销售员，前段时间问我："怎样才能问出顾客的真实需求呢？"

我们逛电器商场时，常常听到导购说："请问您对××产品有什么样的需求呢？"或者问："您需要有什么功能的产品呢？"

作为消费者，有时我们不太清楚自己的真实需求，因为需求这个事物特别抽象。

当大多数人听到这样的询问时，往往把自己对产品的想象说给销售员，销售员再去通过想象判断顾客的喜好。之后，消费者说："我先逛一逛，有问题再问你吧。"这样，销售员就错过一次深入了解顾客的机会。

所以，在与顾客沟通时，销售员要引导顾客说出真实的需求，不要为顾客想象的需求所误导。

去年，市场部的同事大费周章地做了一次市场调研，希望了解普通消费者对"完美耳机"的想象。大家汇总意见时，发现调研对象普遍希望耳机功能齐全，如具备蓝牙功能、电池续航力强、音质高、外观好看……

根据这些需求，公司真的推出一款"完美耳机"。让大家意外的是，这款耳机的销量走势并没有想象中的那么好，甚至还没有普通耳机卖得好。

郭德纲说过，商演是相声成功的唯一标准。这句话在买卖市场仍然适用，如果一款产品销量不好，它就是失败的。为什么这款近乎完美的耳机，反而没有普通耳机的销量高呢？

试想，上班时，你拿出一款酷炫的耳机正准备戴上，主管紧紧盯着你看，旁边戴着普通耳机的同事却没引起主管的注意。可见，有些时候，你认为自己会需要的，在现实中可能根本用不上。

不过，要想了解顾客的真实需求，仅仅问“您对 ×× 产品有什么样的需求”是得不到答案的。在这种情况下，你不能直接问对方对产品有什么样的需求，而要问对方为什么需要这样的产品。

“你为什么需要 ×× 产品”“你在什么情况下会使用 ×× 产品”，这样的提问可以限制作答范围，让对方能具体描述出需要这个产品的理由，就是他的真实需求。

导购 A 问陆女士：“您好，您想买一款什么样的牙刷呢？”

陆女士：“刷毛舒适的、柔软的。”

导购 A：“×× 品牌的刷毛就特别柔软，而且现在特惠哦！”

很多牙刷符合陆女士提出的要求，但都不能抓住她的痛点，她凭什么买导购 A 推荐的牙刷呢？

导购 B：“美女好，请问您在刷牙时常遇到什么问题呢？”

陆女士：“我的牙龈常常出血。”

导购 B：“我推荐您换 ×× 品牌的牙刷，它的刷毛很柔软，不会损伤牙龈。”

找出顾客的真实需求，就找到了顾客的消费痛点，你们的交易自然能够顺利进行。

5. 学会自嘲：创造意想不到的沟通效果

从负面的事件中找到笑点，用自嘲的方式开玩笑，既能给他人带来欢乐，又能促使自己用乐观的心态接纳不完美的自己。

丹妮经常因为不会说话惹得大家不开心，同事私下给她取了个绰号叫“刻薄丹”。比如，女同事买了一条新裙子挺漂亮的，丹妮会说：“那天我看见有个女孩子跟你穿的衣服一样，不过她比你高挑，穿着更好看。”女同事一时间无语了。

一次，丹妮在公司加班，到了饭点去楼下吃饭。同事小李以为丹妮已经下班，就帮她把电脑关了。等丹妮吃饭回来看到电脑关机，当即在工作群里问：“谁把我电脑关了？”得知是小李后，她更是不依不饶，在群里说了半天，质问小李是不是故意跟她作对。

时间长了，大家都不喜欢跟丹妮聊天。渐渐地，丹妮也觉得工作环境太压抑，就辞职了。

后来，丹妮碰到我，就问如何才能赢得他人的好感。

其实，丹妮让大家讨厌的主要原因就在说话上。拿小李关掉电脑的事来说，本身也不是什么大事，即使丹妮心里烦躁，用打趣的话同样可以表达埋怨，但她却选择了最差劲的一种。

人际交往中，大家都愿亲近轻松、愉快的人。想要赢得他人的好感，首先要学会让沟通变得有趣、轻松。

自嘲、自黑，是活跃沟通气氛最简单的方法。

心理学中有一个概念叫“犯错误效应”，指的是，相比于完美的人，大家更愿意亲近有缺点的人。

美国心理学家埃利奥特·阿伦森做过一个实验：他让两个实力相当的选手参加演讲比赛。不过，他叮嘱其中一名选手说，在演讲的时候可以犯点小错误，如打翻一杯饮料。演讲过后，阿伦森问现场观众，更喜欢他们中的哪一个？结果大家纷纷表示，更喜欢打翻饮料的那位演讲选手。

俗话说“金无足赤，人无完人”，人们普遍觉得完美的人不够真实、难以亲近，更喜欢跟有点儿缺点的人在一起。这可以让人产生“原来他也有这样的问题，跟我好像”的心理感受，让双方的关系更加亲密。

安敏在一家淘宝店当服装模特，平常是个擅长自嘲的人。同行张笙觉得她是自己的竞争对手，所以说话时处处针锋相对。比如，她看到安敏的腿很细，就故作轻松地问：“你是不是给化妆师塞红包了，让她给你的腿画了阴影？”

安敏笑着说：“没有，腿细是因为我抽脂抽了 1 千克。”

张笙又说："你长得好漂亮，在哪家整容医院做的？"

安敏回应："哈哈，我还真去过，但人家医生说我要是整容得花个十几万元，我嫌贵就回来了。"

几个回合下来，安敏都用自嘲的方式巧妙回应，周围的人对她的好感暴增，觉得她情商高，人也好相处。反观张笙，虽然大家明面上不说什么，但私下里都说她性格不好，爱嫉妒，爱耍小性。

当我们从负面事件中找到笑点，用自嘲的方式开玩笑，既能给他人带来欢乐，又能促使自己用乐观的心态面对问题，形成一个积极的循环，可以一边吐槽自己的缺点，一边欣赏并不完美的自己。

值得注意的是，自嘲的重点在自己身上。自嘲得好，就能达到娱人娱己的效果；自嘲得不好，可能会让原本和谐的场面变得更加尴尬。

有一次，我和几个同学聚会，老王来了以后对一个女同学说："像我们这种矮矬穷，见一面比登天还难！"说着，他还用手比画了一桌子人。不仅女同学尴尬，其他人一时都不知道该说些什么。

自嘲时还要结合自身的实际情况。比如，马云曾在公开采访中说："我对钱没有兴趣。"网友纷纷表示：我绝不相信。对呀，一个知名企业家说对钱毫无兴趣，难免让人心存疑问。

我们自嘲的时候，一定要"嘲"真实存在的点。如果你本身个子高，就不能自嘲说自己矮；如果你体重不到 90 斤，就不要再说自己很胖。

6. 你的话不是没道理，而是说得太多了

如果不想费半天口舌，还被人嫌弃啰唆，就先在脑中把想法整理好，再简明扼要地告诉对方。

周一早上，公司开例会。销售部的张经理总结说：“你会用哪个成语来形容某人口才好呢？”

“口若悬河。”

“滔滔不绝。”

“妙语连珠。”

“都错了。这三个成语只表达出一层意思：话多。什么时候话多等于口才好了？更多时候，话多只会让人讨厌！”

张经理的这番话，让我想起身边发生的几件小事。

No.1 我没说它不好，但你把它说得太好了

小羽逛商场时看到一双款式时尚、做工精致的皮鞋，一摸鞋面

就知道是好皮子。

“这位小姐，这是意大利品牌定制的高档皮靴，纯手工擦色，里面用的是纯羊毛，上脚舒适，踩在地板上就像踩着棉花一样，走路不会累。”

小羽试穿后发现脚感真的不错，鞋底确实很软。一看价签是2399 元，她心想：“呵，这价格真对得起这双鞋。”

导购员看出小羽嫌贵，马上接话碴儿，说起这双鞋的品牌历史，是哪位设计师设计的，原产地是哪儿，销量有多高。

一开始，小羽还听得津津有味，但过了一会儿，她就有些心烦。她站在镜子前左看右看，觉得这双鞋很适合自己，就在她打算狠狠心买下这双鞋的时候，导购员来了一句：“小姐，我们店的皮鞋都很保值哦。”

“这是黄金吗？”小羽问。

“不是啊。”

“那它保什么值？”

“我们店从来不打折，不管您是今天还是节假日买，所有商品都没有折扣。”

就是这两句话，浇灭了小羽购物的积极性。后来，小羽对我说：“本来我觉得那双鞋挺好的，也值那个价，但导购员一个劲儿地猛夸，让我觉得心烦。尤其是那句‘保值’——我知道黄金保值，从没听说过皮鞋还保值，她当我是蠢货吗？”

No.2 你是先知吗？不，是讨厌鬼

我在微博上发起过这么一个话题：你因为什么会跟相恋多年的伴侣分手？

有的说父母不同意，有的说对方有外遇，有的说对方一个月不洗澡……评论花样百出，最让我哭笑不得的是网名“爆香菇”所留言：“不想嫁给赛半仙儿！”

后来，我和“爆香菇”在后台聊起这件事，她无奈地说：“前任哪儿都好，唯独一点让人受不了的，他一张嘴就说‘我早就跟你说过……’”

“爆香菇”和男友熬过四年的异地恋，却在同居的一年后分手了。

“爆香菇”穿高跟鞋崴了脚，男友会说：“我早就跟你说过，别穿高跟鞋，你不听……”

“爆香菇”忘记带钥匙，男友会说：“我早就跟你说过，出门前要检查带没带钥匙……”

“爆香菇”跟客户谈签单失败，心情不好，男友会说：“我早就跟你说过，签合同之前先别高兴……”

不管“爆香菇”跟男友倾诉什么，男友都会甩来一句“我早就跟你说过”。当经典语录再现江湖时，“爆香菇”再也忍受不了，她反问道：“你是先知，还是复读机？一天到晚重复这句话，烦不烦！”就这样，两个人在争吵中结束了这段感情。

不管对方的做法是否正确，当他向你倾诉时，希望得到你的理

解或帮助，而不是指责或沾沾自喜地说："我早就跟你说过……"

No.3 重复率≠说服力

不少女孩被男朋友嫌"唠叨""碎碎念"，好意提醒被对方当成找碴儿。

前阵子，小熊跟我吐苦水说："女朋友总是唠叨个没完，每次提醒我做某件事时都会重复说好几遍。其实，她说第一遍时我就知道了。当她重复提醒我时，我就觉得好烦。有时候，她越是反复强调，我越有抵触情绪，非要跟她对着干。"

当你用一句话传递出自己的想法或需求后，其他的反复提醒都会成为废话。很多时候，你说的话没有效用，不一定是这话没有道理，很可能是因为说的话太多了。

对于这些爱唠叨的人，我只能提醒：点到为止，话多失效！如果你还是忍不住唠叨，凡事总想叮嘱几遍，不妨与对方建立一个"唠叨上限"的约定。

比如，非常重要或者对方必须采取行动的事，可以写在便条纸上，贴在家中显眼的位置。以这种形式出现的叮嘱，提醒程度最高，切不可忽视。不过，这个方法的使用频率不宜过高，否则，写的"圣旨"就会像说出的废话一样失去效用。

总之，长篇大论也好，滔滔不绝也罢，这些字眼并不代表你的口才好。如果不想费半天口舌还被人嫌弃啰唆，就先在脑中把想法整理好，再简明扼要地告诉对方。这么做，你说的话才有分量。

7. 决定命运的不全是努力，还有沟通能力

一句话能成事，一句话也能坏事。你怎么说，决定了别人怎么听，有时也决定了你的命运。

前几天，白羚跟顾客闹了点儿小别扭。她使劲儿地一拍键盘，愤愤地说："这个人怎么那么闲，问的都是些什么鬼问题！"

白羚辞职后开了家淘宝店，为了节约人工成本，凡事都亲力亲为。前些日子，有个顾客在店里下了单，收到货后在旺旺上问："老板，在吗？"

"亲亲，在呢，什么事？"

"你现在有时间吗？"

"有的。"白羚收到这条消息时，还为碰见这么有礼貌的买家而感动。

"老板，我的淘宝昵称叫'一条咸鱼 12138'。"

"好的，亲亲，客服小白为您服务。"

“老板，我收到快递了。”

“好的。您需要解决什么问题呢？”

“是这样的，我试穿后觉得衣服的尺码有些小。”

“亲亲，需要帮您换货吗？”

“是的。只是我不知道这件衣服的尺码标准，大一码担心会很肥。”

“亲亲，您可以拍一件大码试一试，如果不中意，再退换货也可以的。”

“唉，可是这样做好麻烦，也会给你店里添麻烦。”

“没关系的，亲。您可以申请退换货，我帮您处理。”

白羚查看后台时，发现买家早在几天前就申请换货，自己已经同意了。于是，她说：“亲亲，换货申请已经帮您确认过了，您将快递寄回来后，我安排重新发货。”

“是这样的，我平时下班晚，等我下班时快递员也下班了，你看能不能晚几天寄呢？”

白羚简直无语了。这位顾客，既然你一开始就想推迟几天寄快递，为什么不能直接说，非要碎片化交流，耽误人家的时间。

“好的。我算一下快递时间，周六到可以吗？”

“不行，周六我要加班。”

“周日可以吗？”

“不行，周日我要回奶奶家。”

“您哪天方便寄呢？”

“周一到可以吗？那天我调休。”

白羚被买家这种挤牙膏似的沟通摧残了好一阵子，只能一边劈里啪啦地拍键盘泄愤，一边在对话窗口跟对方说“么么哒”。

解决完问题，买家还诚心诚意地祝白羚生意兴隆，说白羚是她遇见过服务态度最好的卖家。白羚是有苦说不出，真想告诉对方，这种沟通方式谁都不想理她。

现在，网上有一个很火的话题：“什么样的行为，能够体现出一个人的教养？”

我觉得，节约别人的时间就是一种教养。

与他人沟通，尤其是在对方可能很忙时，一定要言简意赅地表达自己的想法。为了做好生意，白羚可以满脸赔笑着追问对方的相关信息。如果对方是职场人士如同事、领导、客户，这种问一句、说一句的沟通方式，只会让对方厌烦。

我的一个同事想与一名知名人士合作，多番打听才加上对方的微信好友，同事上来就问：“您好，请问您是 ××× 先生吗？”

“是的。”

“您的个人电话是多少？方便的话，我想与您电话沟通。”对方再也没有回复过。同事再发消息时，发现对方已经将她删除。

换作是我，我也会毫不犹豫地删除同事。在对方一无所知的情况下，谁会暴露自己的个人信息呢？难道不疑心他人要电话号码的动机不纯？况且，对方是知名人士，不用想也知道他的工作一定很忙，你上来就盲目地要电话号码，对方搭理你才怪呢。

心理学家研究发现，当对方忙于手头工作时，如果你多次打断他，会大大降低对方答应你的概率。即便你提出的合作条件很有吸引力，但由于对方已经失去好感，就不会将过多的精力投到你身上。这种情况下，一次性把话说完远比循循诱导、礼貌谦虚重要得多。

当时，同事应该直接给知名人士留言："您好，我是某公司的×××，希望与您合作一个项目。项目内容是×××，希望您方便时可以回复我或与我电话联络。我的联系方式是×××。"

尊重不只是使用的称谓礼貌、说话的态度谦虚，还要尊重对方的知情权和决策权，尊重对方的时间安排。一句话能成事，一句话也能坏事。你怎么说，决定了别人怎么听，有时也决定了你的命运。

8. 别做讨好型人格的讨厌鬼

开玩笑也好，认真聊天也罢，都要把握住“有趣”的尺度，否则就会被人轻视。

前两天，我和朋友逛商场，正巧碰到一对情侣吵架。我在旁边听了一下，似乎是男生和其他女生有些暧昧关系被女朋友发现了。

两个人吵了几句，男生摆出一副“我受够了你”的态度，说：“你有完没完？这点儿小事就闹意见，咱俩不合适，分手吧。”

女生的态度当时就变了，从一开始的质问，到哽咽着求男生别分手。男生不理她，转身就要走。女生说什么也不让男生走，抱着他苦苦哀求，说是她错了，不该翻看男生的手机聊天记录，只要男生不跟她分手，她什么都不计较了。

这么闹了一会儿，男生最后的一点儿耐心都没有了，反手抽了女生一耳光，气急败坏地说：“我早就不爱你了，拖到今天才分手，我还觉得吃亏呢！”

男生说完就走了，留下女生一个人失声痛哭。

说实话，看着女生这个样子，我一点儿都不觉得她可怜，因为她连自己都不爱了，怎么可能还有人真诚地爱她呢?

很多人问过，如何成为一个大家都喜欢、受欢迎的人?

答案有很多，如具备同理心、情商高等。但是，不少人忽略了最重要的一点，那就是爱自己。

小鱼儿就是我们常说的滥好人。老板要求加班赶方案，几次都是她一个人包揽，时间一长，大家都习惯性地把手里多余的活交给她；中午出去吃饭，她主动帮加班的同事打包午餐，却不好意思跟对方要饭钱；下班时下起了大雨，有个怀孕的同事没带伞，她把仅有的一把伞借给人家，自己冒着雨跑到车站。

饶是如此，同事对小鱼儿的评价还褒贬不一。有的人一边让她给自己帮忙，一边说她有心计，对大家那么好肯定有企图，甚至理所当然地认为，她就该做那么多的事、付出比别人更多的汗水。

一次，同事老贾临时有点儿事要出去，拜托小鱼儿帮他录入一组数据。第二天，老板发现上传的数据有问题，老贾就把所有的责任推给小鱼儿。那天，她委屈地问我："为什么我对别人那么好，几乎是有求必应，怎么到头来却得不到半句好话呢?"

归根结底，是因为小鱼儿太在意别人，不在意自己。她以卑微的姿态与人相处，这样做只会让别人变本加厉地欺负她、羞辱她，怎会以诚相待呢?

跟小鱼儿相比，我的朋友子倩就聪明多了，她幽默、善解人意，和谁都能聊得来。你不得不承认，身边有那么一种人，他们仿佛自带主角光环，走到哪儿都能成为话题中心，他们的出现总能给大家带来欢声笑语。

考虑到小鱼儿的情况，我介绍她们俩认识，让子倩教一教小鱼儿如何才能变得受欢迎。子倩说，无论什么时候，都要在爱重自己的情况下，友好地与人相处。开玩笑也好，认真聊天也罢，都要把握住“有趣”的尺度，否则就会被人轻视。

尊严不是他人赋予的，也不是自己强撑得来的，你要从内心深处认同自己、爱重自己。

当你善待自己时，别人才会善待你。